企业管理创新与技术创新研究：
以山东迈源集团为例

申 钊 刘成刚 赵嘉雯 ◎ 著

中国纺织出版社有限公司

内 容 提 要

本书属于企业管理方面的著作,由新时代企业创新的时代背景、企业与企业管理概述、企业管理创新理论概述、企业经营战略管理、企业生产管理与质量管理、企业营销管理、企业技术创新、山东迈源集团创新发展案例分析等部分构成。

全书主要研究企业管理与企业技术创新的相关内容,从中分析新时代我国企业发展应当遵循的路径,并以山东迈源集团为例,分析迈源集团近年取得一定成绩的原因,以期从迈源集团的发展历程中获得更多有助于企业发展与创新的实际参考性内容。本书对从事管理学等专业的研究学者与相关领域的工作者有一定的学习和参考价值。

图书在版编目(CIP)数据

企业管理创新与技术创新研究:以山东迈源集团为例 / 申钊,刘成刚,赵嘉雯著. -- 北京:中国纺织出版社有限公司,2022.12
ISBN 978-7-5229-0076-6

Ⅰ.①企… Ⅱ.①申…②刘…③赵… Ⅲ.①建筑企业—工业企业管理—研究—山东 Ⅳ.① F427.52

中国版本图书馆 CIP 数据核字(2022)第 218006 号

责任编辑:赵晓红　　责任校对:高　涵　　责任印制:储志伟

中国纺织出版社有限公司出版发行
地址:北京市朝阳区百子湾东里 A407 号楼　邮政编码:100124
销售电话:010—67004422　　传真:010—87155801
http://www.c-textilep.com
中国纺织出版社天猫旗舰店
官方微博 http://weibo.com/2119887771
天津千鹤文化传播有限公司印刷　各地新华书店经销
2022 年 12 月第 1 版第 1 次印刷
开本:710×1000　1/16　印张:14
字数:210 千字　定价:99.90 元

凡购本书,如有缺页、倒页、脱页,由本社图书营销中心调换

前言 | Preface

现代意义上的企业最早产生于18世纪，自企业产生以来，人们所需要的各种产品开始进入系统化、体系化、规模化的生产时代。企业的出现极大地改变了社会的基本状况，改变了人类社会曾经的生产模式，高效率、大规模的机械生产，使得人们对各种物质的需求获得了极大的满足。

时间流逝，朝代更迭，人类社会进入了21世纪，在新时代，社会发生了一系列重大变革。例如，社会经济格局发生了变化，多极化的趋势愈发明显；世界经济已经逐渐连成一个密不可分的统一体，各国都与其他国家发生着经济方面的联系；创新成为新时代的主题，成为企业竞争力之所在；网络化与信息化逐渐渗透到企业中，为企业生产效率的提高"推波助澜"等。在这样的时代下，企业也必须将固有的管理模式与技术水平进行创新与转变。具体来讲，企业的现代化转型并非一蹴而就，也并非单方面、单领域的创新，而是全方位、宽领域、多样性的创新。企业应当就其经营活动，生产活动，营销活动，以及技术领域进行全面创新发展，以适应时代的整体趋势。

本书以21世纪的新时代发展特性为整体视角，先对企业管理相关的各种概念进行全面深入的解析，再对企业的发展与创新进行分析，以期找到新时代企业发展的最佳路径与可靠方案，促进我国企业更快地实现管理与技术方面的"双创新"，有效提升产品竞争力。基于此，本书主要分为如下章节：新时代企业创新的时代背景；企业与企业管理概述；企业管理创新理论概述；企业经营战略管理；企业生产管理与质量管理；企业营销管理；企业技术创新；山东迈源集团创新发展案例分析。通过对上述内容进行论述与分析，能够找到最适合当下企业发展的途径与手段。另外，本书最后章节山东迈源集团创新发展案例分析，具体描述了该集团自成立之日起便致力创新发展，至今取得了一定的成绩，笔者希望通过对该集团的创业与创新转型历程进行分析,从中找到具有普适性的企业发展经验,为各企业在管理与技术方面的创新提供经验。

  由于写作时间较为仓促,本书存在的疏漏与不足之处,恳请相关领域的专家学者多多批评指正!

作者

2022 年 6 月

目录 | Contents

第一章　新时代企业创新的时代背景   001

第一节　全球经济形势的时代性变革   001

第二节　创新发展成为时代的主题   004

第三节　网络化与信息化的新趋势   011

第二章　企业与企业管理概述   015

第一节　企业的相关概念   015

第二节　企业管理的相关概念   030

第三节　企业管理思想的演进   042

第三章　企业管理创新理论概述   047

第一节　企业管理创新的相关概念   047

第二节　企业管理创新的提升路径   053

第三节　熊彼特创新理论   059

第四节　熊彼特创新理论的意义   062

第四章　企业经营战略管理   065

第一节　企业经营战略的相关概念   065

第二节　企业经营战略的制定与管理   070

第三节　企业经营战略的环境分析   080

第五章 企业生产管理与质量管理　　085

第一节 企业生产管理的相关概念　　085

第二节 企业的生产计划管理　　091

第三节 企业的生产技术管理　　098

第四节 企业生产过程的分析　　106

第五节 企业质量管理　　111

第六章 企业营销管理　　119

第一节 市场营销的基本内容　　119

第二节 营销管理的基本内容　　132

第三节 企业的营销战略内容与制定　　141

第四节 企业的促销策略　　149

第七章 企业技术创新　　155

第一节 企业技术创新相关概念　　155

第二节 企业技术创新机制　　166

第三节 企业技术创新模式　　178

第八章 山东迈源集团创新发展案例分析　　181

第一节 山东迈源集团简介　　181

第二节 山东迈源集团的发展历程　　182

第三节 山东迈源集团管理与技术的创新转型　　187

第四节 山东迈源集团为企业发展提供的宝贵思路　　202

参考文献　　211

第一章 新时代企业创新的时代背景

第一节 全球经济形势的时代性变革

21世纪初,世界的经济格局出现了剧烈变动,无论是各国的经济体系、经济体制,还是产业结构、生产方式都与20世纪形成了鲜明的对比,世界经济多极化已经基本形成。在这样的背景下,各国都希望实现本国经济的"大跨越",于是鼓励国内经济与贸易的发展和创新,各国的新兴企业便如雨后春笋般生根发芽,形成了各国企业快速发展、齐头并进的新局面。具体来看,这一时期的经济形势主要表现在如下几个方面。

(一)世界各国经济明显增长,发达国家仍占主导地位

20世纪90年代以来,由于新技术革命的兴起,国际贸易和投资领域的扩大,特别是金融创新活动的不断深化,以及各国为适应新的经济发展要求而采取的有关市场制度和政策等方面的管制放松,有力地推动了全球经济的增长。东南亚金融危机引起的全球金融动荡,对世界经济发展带来巨大的破坏,致使经济增长速度大幅下降。在各国的共同努力及国际社会的援助下,世界经济增长有所回升。

21世纪初,发达国家的经济增长仍处于主导地位,特别是美、欧、日的经济发展趋势,对整个世界经济增长格局的发展具有决定性意义。美国

仍然保持世界第一强国的地位和实力，欧盟的经济地位将有所上升，日本经济将有所增强。发展中国家，特别是亚洲仍然是世界经济增长的快速地区。拉美经济、非洲经济及经济转型国家都将呈现不同程度的发展。

世界经济在继续保持一定规模和数量扩张的同时，已经出现了世界范围的生产能力过剩、产品积压、初级产品及原料价格大幅下降及全球性的需求不足和通货紧缩现象，预示着以往大量靠设备和物质要素投入的传统经济增长方式已不再适应世界经济进一步发展的要求，世界经济增长方式将面临两大转变：一是经济增长将更多地转向依靠科技进步、教育、人才等资源的投入；二是经济增长将更多地转向保持资源、环境和人口相互协调的可持续发展。

（二）贸易结构发生明显变化，企业朝着信息化方向发展

国际贸易的商品结构将发生新变化：一是服务贸易的增长速度将高于货物贸易的增长，服务贸易在世界贸易中的比重不断提高；二是在商品贸易中，由于产业分工的不断深化，制成品所占的比重逐步上升。随着科技进步促使企业产品结构不断向技术密集型和知识密集型深化，在制成品贸易中，技术密集型产品的增长速度和所占比重将大大高于劳动密集型产品。

随着信息技术和网络的发展，电子商务正逐步进入贸易领域，成为商业交易的一种新方式。电子商务的发展将解除传统贸易方式中时空的限制，使产品更便利地在世界范围内进行交易，从而改变传统的交易方式，创造出新的交易渠道，并将引起国际贸易环境、贸易经营主体及管理方式的一系列重大变革。

（三）跨国企业开始转型，促进世界生产一体化的进程

为适应新科技革命推动生产力的国际化、国际分工进一步深化及世界产业结构大调整的要求，国际直接投资改变了单向垂直性格局，多向水平性格局得到快速发展，成为世界经济发展的新动力。

21世纪初，国际投资仍将保持高于世界经济和贸易增长的强劲势头，国际资本的总规模扩大，流动速度提高。国际投资的自由化趋势将进一步加大国际资本的流动性和投资方式的多样性，从而加大国际投资的风险性。

另外，跨国企业将进一步突出生产国际化、经营多元化、交易内部化

和决策全球化的特点，在新科技革命浪潮和高技术产业发展的推动下，进一步创新企业制度和经营战略，更多地在信息技术、金融服务等领域实行多元化的联合，降低成本，提高国际竞争力。

跨国企业发展使原有国家之间的生产分工内部化、国际化，传统的贸易方式将面临挑战：一方面，跨国企业的直接投资和企业并购行为，将原有产品的国际贸易替代为包括资本、技术、管理、人才等众多生产要素的国际转移；另一方面，国际贸易的内部交易化，也将使产品的交换过程在世界范围内重新隶属于生产过程。

总体来看，跨国企业的发展在不断地使一些外部竞争化为合作的同时，又将新的外部竞争提高到更激烈的水平。生产要素的国际化和生产组织的全球化发展将推动世界生产一体化进程的深化。

（四）产业的国际转移出现新变化

21世纪初，世界产业结构的高信息化、高科技化和高服务化将成为国际范围新一轮产业结构调整的主导。随着高科技的发展，一批高技术产业也将得到极大发展，同时高技术对传统产业的改造将不断加深，大大提高了制造业的科技含量，从而提高世界产业结构的质量和效益，带动就业结构的变化。

世界经济发展中信息产业的作用日益加大，服务业的比重将大大提高。世界产业结构发展的高信息化、高科技化和高服务化将大大增强国际经济发展的基础能力和抗衰退能力，产业分工日益国际化的趋势更加明显。但由于大部分科技资源仍然由发达国家控制，由此形成的产业结构调整中的不平衡，特别是发达国家与发展中国家间的不平衡将有加剧的趋势。

随着科技革命的深入发展及世界产业结构的新一轮大调整，产业的国际转移将出现新特点。

第一，产业国际转移的区域层次将深化。已形成由发达国家向发展中国家层次、发展中国家内部的一些层次转移的现象，国际转移将随着发展中国家产业结构层次的多元化，发展成为发展中国家内部的多层次转移。

第二，国际转移的产业领域将由劳动密集型和污染较高的产业转向资本和技术密集型产业，生产工序上由转移总装向转移零部件发展。

第三,产业技术转移将形成"大脑—手脚"的模式。发达国家将日益重视核心技术的掌握和控制,而将一般技术转移出去,以腾出更多的技术空间加快高技术产业的发展。产业的国际转移在促进发展中国家产业结构升级和改造的同时,也不可避免因污染严重、相对落后的产业、技术和工艺转移到发展中国家,给发展中国家的产业结构优化造成困难,从而加剧发展中国家与发达国家产业结构的不平衡性。

(五)小结

总体来看,在社会整体生产方式、生产结构,以及各国实力对比的不断变化影响下,世界经济发生了明显的变化,体现出 21 世纪的时代性特征。这使得各国内企业、跨国企业开始转变其原有的思路与生产方式。

第一,企业开始注重"三高",即高科技化、高信息化、高服务化,这种新型的生产观念与发展观念与 20 世纪形成了强烈的反差,这也意味着,企业的发展必将实现由传统产业向高新产业的转型。

第二,企业愈发重视各国之间的经济合作与贸易往来。21 世纪,在信息技术和科学技术的共同影响下,国与国之间进行信息交流的渠道被拓宽,各国之间交流所耗费的时间被"浓缩"在一瞬间,即使是远隔重洋的企业也能实现瞬时交流和沟通。所以为了获得更高额的利润,企业的发展由封闭式向开放式转型,更加注重与其他企业的交流和沟通。

第二节 创新发展成为时代的主题

一、创新的定义与特点

在新时代,创新已然成为社会发展最重要的关键点,小至个人,大至社会,都需要一定的创新意识与创新能力。可以说,"创新"二字成了时代的主题。

（一）创新的定义

"创新"一词，是一个古老的汉语词汇，在我国古代社会便已经出现，其首见于我国古代典籍《南史》，《南史·后妃传上·宋士祖殷淑仪》中有云："据《春秋》，仲子非鲁惠公元嫡，尚得考别宫。今贵妃盖天秩之崇班，理应创新。"此句意为，据《春秋》记载，仲子不是鲁惠公的原配正妻，尚且得以建成独自的宫庙，现在贵妃乃是在国家官员中的高位，理应建造新庙。由此可知，这时的"创新"并非一个独立的词汇，与当代的"创新"含义不同。这里的"创"指的是创造和建造这一活动，而"新"是"新的庙宇"的简称。

不过，关于创造的观念与思维在我国早已形成。例如，颜师古曾说："创，始造之也。"《礼记·大学》中也有"苟日新，日日新，又日新"之说，这都表明我国古人对创造早已引起了相当的重视。

到了近代，尤其是两次工业革命之后，人们愈发意识到社会的进步需要思维上的进步与生产方式上的革新，学者们便开始把研究的目光和焦点放在了"创新"上。多年来，不同学界的学者从自己的学科领域出发，对"创新"提出了独到的见解。

美籍奥地利经济学家熊彼特当属近代社会对创新进行研究与解释的"第一人"。熊彼特认为，创新是生产要素的重新组合，其包含五个方面的内容，分别为引进新产品、运用新的生产方式、开拓新的市场、开辟和利用新的原材料、采用新的组织形式。

可见，熊彼特对创新的解释，是从经济学的视角出发的，其重点都是围绕企业发展而展开。（由于之后的章节会专门对熊彼特的创新理论进行系统论述，以及其创新理论对企业创新发展的关系问题，所以此处不做赘述）此外，其他学者对此也有着不同的看法。

在社会学领域，学者的视角更加宏观，他们认为创新不能仅仅局限于经济层面，而应当放大成为一种人类整体的能力或活动；创新是人们为了发展需要，运用已知的信息和条件，打破常规，发现或产生某种新颖、独特的有价值的新事物、新思想的活动。

在哲学领域，多数学者认为，创新是一种人的创造性实践行为，这种行为是通过对事物的内在矛盾进行深入合理的分析，从而进行的利用与再造，以形成新的物质形态。所以，在一定意义上创新是产生新的事物形态的重要过程。

在艺术领域，学者认为，艺术属于文化，任何艺术都需要创新，缺乏创新的艺术就会缺乏发展的动力。艺术是情感的表达，是对语言的丰富，只有对其进行创新，才能促进艺术的丰富与发展。

总之，创新受到各界学者的广泛关注，虽然该词汇最早由熊彼特定义，但是之后我国学者对创新的解释也日益丰富。例如，成海清在《创新辞典》中指出，创新是组织在技术、产品、流程和服务等方面的变化或改进，这些变化或改进能给顾客和组织中的其他利益相关者带来更多或更好的价值。简言之，创新就是创造新的客户价值，创新就是将创意变成钱。创新是经济概念，不能实现经济回报的所谓创新都是"伪创新"。

如今，创新被定义为，以现有的思维模式提出有别于常规或常人思路的见解，并为此为导向，利用现有的知识和物质，在特定的环境中，本着理想化需要或为满足社会需求，而改进或创造新的事物、方法、元素、路径、环境，并能获得一定有益效果的行为。

（二）创新的特点

世人对创新的研究由来已久，学者对创新的重视程度更是与日俱增，除了创新的定义之外，创新的特点也需要我们进行相应的研究。一般来讲，创新具有如下几大特点，如图1-1所示。

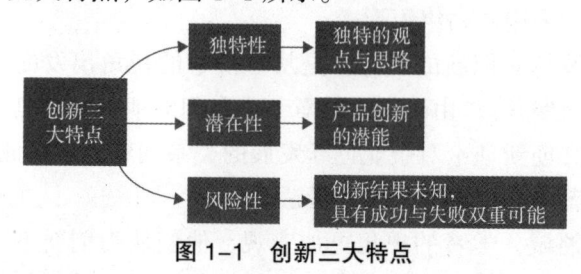

图1-1 创新三大特点

1. 独特性

之所以被称为创新，是因为重点在于这一活动的创造力应当与之前的思维、活动存在明显的差异，这也是其独特性之所在。创新既要对之前的事物进行明显的革新，又要对新事物进行适当的完善。创新不是简单的模仿，而是革除过时内容，融入新的观点和思路，从而创造出独特的、新颖的事物。

2. 潜在性

按照马克思唯物辩证法的观点来看，任何事物都处于不断变化发展的过程之中，其过去、现在、未来的不同状态，事实上存在着内在的联系，即过去的事物拥有着未来事物的潜能，而未来的事物也包含过去的事物之中的因素。所以，尚未实现创新的事物拥有创新的潜能，任何事物都拥有被创新、被创造的机会与权利，作为主体，应当善于发现其创新点的潜在性，以便之后能够将创新变为现实。

3. 风险性

创新，意味着开辟一条全新的路径，无论是企业的发展，还是人生的规划，抑或是社会领域的创造，都是前人所未曾走过的路。所以，未来的成果具有未知性，创新有可能会成功，也有可能会失败，这种不确定性造成创新活动具有一定的风险性。

二、创新的时代意蕴

纵观人类发展史，人类社会的无数次飞跃都与创新有着密不可分的联系。江泽民同志指出："创新是一个民族进步的灵魂，是国家兴旺发达的不竭动力。"这足以表明创新对于社会发展的重要性，在一定程度上创新相当于时代进步与民族发展的"助推剂"。具体来讲，创新对个人、对企业，乃至社会与民族都十分重要。

（一）创新有助于提升个人创新能力

对个人而言，具有一定的创新意识有助于丰富与提升自身的创新能力。

21世纪经济社会的变动较为剧烈，为了应对这一挑战，我国制定了一系列的教学改革与相应措施。曾经的教学内容主要包括书本上的固有知识，这些知识确实有助于充实个人的知识储备，为今后的发展打下坚实的基础。但是，这些科目对培养创新意识却没有明显的帮助。如今在教学改革的大背景下，我国的教育体制愈发注重创新教育，这一趋势在高等教育中尤为凸显。

在政府的带动下,有关部门对各高校做出了明确的规定,各高校的创新创业教育课程越来越正规。创新创业教育最初只是一门选修课,并且没有纳入学分制体系中。如今创新创业教育是各高校的必修课,并且学生一定要修满规定的学分,否则将会影响评奖评优乃至正常毕业。

另外,为了培养学生的创新思维,提升创新能力,校内外各组织也经常举办相关的活动。例如,"挑战杯"则是其中知名度较高、影响范围较广的大赛之一。"挑战杯"是由共青团中央、中国科协、教育部和全国学联、举办地人民政府共同主办的全国性的大学生课外学术实践竞赛,首次开办于1989年,并在当年取得了较好的效果。"挑战杯"始终奉行"锐意创新"的宗旨,极大鼓舞了大学生的创新热情。

总之,创新对个人而言,具有十分重要的作用,能够使我们充分体会到自豪感、价值感。作为当代大学生,更应当在学好基础知识与专业技能的基础上,努力培养自身的创新意识,提升创新能力。

(二)创新有助于企业的长远发展

正如上文所述,当今国际形势瞬息万变,经济发展趋势也在越来越发达的科学技术的支撑下,走向了全球一体化。企业的发展模式也应当随之做出改变,而创新无疑是企业发展与转型的"关键法宝"。在信息时代,只有勇于创新、善于创新,才能够不断发掘企业内在的潜力,才能够不断突破固有的藩篱,从而谋求更加长远的发展,踏上更加广阔的发展平台。

有些企业领导人认为,企业发展靠的是"口碑",产品的质量有了保证,积累出良好的"口碑",受众自然愿意购买,久而久之便能够形成企业的吸引力;有些企业领导人认为,企业发展靠的是品牌,品牌效应是近年来比较热门的话题,关于品牌历来也是褒贬不一。

但是笔者认为,企业发展的动力在于其创新力,只有具有充足的创新精神,才能不断使企业的产品"更新换代"。企业的产品应当做到与时俱进,基于不同的社会情况,做出"最合时宜"的转变与创新。

有许多企业都是由于抓准时代的商机,迅速做出判断,从而一跃打造出知名品牌。例如,比尔·盖茨正是由于合理做出规划,把握时代需求,果断进行创新,才开创了微软公司。又如,杭州万向集团成立于20世纪60年代末,成立之初,万向集团只是一个小修理厂,在发展过程中,万向集团不断积蓄力量,始终把创新能力作为企业的核心竞争力。经过几十年的发展,成为国家120家试点企业集团和520户重点企业之一。

可见,创新有助于企业的长远发展。当今世界瞬息万变,知识经济成为主要的发展模式,只有不断创新,谋求创新发展,才能够使企业走向更加辉煌的未来。

(三)创新有助于社会的不断进步

伟大的革命导师高尔基曾经说过:"书籍是人类进步的阶梯。"在某种意义上,创新是人类文明不断积累、不断丰富的重要推动力,更是当代社会各领域、各学科不断进步的活力之源。创新是民族进步的灵魂,没有创新就没有竞争力,没有创新就没有价值的提升。创新是人类特有的认识能力和实践能力,是人类主观能动性的高级表现形式,是推动民族进步和社会发展的不竭动力。

纵观历史,人类社会没有哪一次历史跨越与重大进步不是与创新紧密相连的。

华夏文明源远流长、历久弥新,对人类文明的进步起到了重要的推动作用,其中,最为人熟知的当属四大发明(造纸术、指南针、火药、印刷术),造纸术掀起了人类社会的文字革命,印刷术极大促进了文化的传播,指南针为后世航海发展助力,而火药改变了人们的作战方式,加快了欧洲现代化的历史进程。

18世纪60年代,英国兴起第一次工业革命,并逐渐席卷整个欧洲。在这样一场巨大的革命浪潮之中,有诸多重要的发明问世,如珍妮纺纱机、蒸汽机车等,各国的手工业、制造业都取得了突飞猛进的发展。第一次工业革命大大加强了世界各地之间的联系,改变了世界的面貌,率先完成了工业革命的英国,很快成为世界霸主。

19世纪60年代,第二次工业革命爆发,人类社会开始进入电气时代,各国涌现出大批量的发明家。例如,1866年,德国人西门子制成了发电机;19世纪80年代,卡尔·弗里特立奇·本茨等人发明了汽车;19世纪90年代，意大利人马可尼试验无线电报取得了成功等。

以上各阶段的重大变革，对人类社会的发展都具有重要的意义。而究其根本，促进这些变革得以实现，主导其走向成功的关键就在于创新。

综上所述，创新有助于社会的不断进步，只有敢于创新，才能成果迭出。当今世界已进入知识经济的时代，与过去的时代完全不同，和平与发展成为时代的主题，各国更加注重精神文明建设。但是，创新的重要地位及其对社会发展的重要意义却始终不会改变。

三、创新的源泉

（一）老需求的满足与新需求的诞生是创新的主要源泉与动力

人类的欲望是无限的、多种多样的，而资源是有限的，有限的资源不可能满足人类无限的欲望。于是资源主要用于生产当前最迫切需要的产品。生产过程中，人们利用规模经济、学习曲线等方法逐渐降低生产成本，扩大生产，从而实现了这些产品的供给不足到供给相对过剩的转变。原有的产品已经供过于求，于是，创新的需求爆发了，需要创新生产新产品来实现商业生产利润最大化，在利润的刺激下，创新潮就开始了。

（二）对现有生产过程的不断改进微调

人类的生产是不断演进的，在生产过程中，人们之间不断进行思想交流，不断积累经验，每一次细小的改进，都为以后的阶段性质变奠定了基础。后人在前人无数细小进步的基础上，最终融会贯通，生产出满意的产品。

由于人类对未知领域的认识、观点和想法是在交流、学习、探讨、头脑风暴的过程中产生的，因此，任何一种解决方案都是不完美的，都是有瑕疵的，具有阶段性，如同通信技术和手机产品一样，不同产品的代际之间具有差异性，通过不断地更新迭代，解决方案才会逐步趋向于完备和成熟。

（三）交流信息的异质性

一个地区的文化相同，知识结构相同，很容易出现同质的信息，这些信息的相互交流难以迸发创新的火花。如果不同文化，不同认知结构的人进行思想交流，思想就会产生冲突和异质，从而产生创新。

（四）创新主要来自高收入地区、经济发达地区和大城市

大城市、经济发达地区、人口密集地区，会出现大量的产业集群，这些产业集群带来的是规模经济和外在经济，产业集群内的分工生产更加细化，每个细分领域又实现了规模经济优势，这种分工导致生产成本的降低，同一分工领域的企业的竞争又导致了创新浪潮。产业集群内生产企业众多，企业之间的相互交流，相互模仿造成了创新技术的快速传递，同时由于经济规模大，创新利润大，从而促进了人们的创新浪潮。

第三节 网络化与信息化的新趋势

一、网络化与信息化成为社会发展的新方向

（一）信息时代初步到来

现代社会是一个信息化的社会，各国为了在愈发激烈的竞争关系中拥有一席之地，都加速了本国网络化与信息化的发展进程。

20世纪后期，世界上的绝大多数国家都把研究信息技术作为最重要的发展方向，取代了曾经发展军事力量的重要位置。如果说机械化大生产时代评价一个国家国力的重点在于军事与货币，那么信息时代评价一个国家综合实力的标准在于信息，即谁掌握了信息技术与信息内容，谁就掌握了发展的主动权。

尤其是20世纪90年代之后，在美国兴起了极为重视信息化建设的"信息高速公路"浪潮，这一浪潮把世界的信息化与网络化的发展推向又一个高峰。

"信息高速公路"是1992年阿尔·戈尔提出的一个概念。针对这一时期信息需要大量快速传播的时代特性，有学者认为，应当打造这样一个渠道，可以给用户随时提供大量信息，而这样的平台则应当由通信网络、计算机、数据库以及日用电子产品共同组成。次年美国政府便开始实施这一计划，仅仅在几年内，美国就耗巨资打造出了较为完善的国家信息基础设施，实现了大量美国居民可以使用网络进行快速便捷交流的目标，这一划时代性的转变，标志着信息技术对人类文明的再造与创新。

进入21世纪，随着社会生产水平的进一步提高，世界范围内的其他国家也在网络化与信息化领域有了明显的发展，新技术把各国、各组织在虚拟化、信息的平台上"集合"起来，实现了信息流的全球畅通。无论身处世界的哪一个角落，也无论是在什么时间，只要运用互联网平台，就能够实现跨越区域界线的信息传输，这让人们极大地感受到信息交流的便捷性，并亲身感受到"地球村"的实现。世界各国正在以网络化与信息化为基础、为依托、为媒介，实现全球化趋向的重大转型。各国正以前所未有的方式发生着变革。例如，电信与计算机系统合而为一，可以在几秒钟内将信息传递到全世界的任何地方，从而使人类活动各方面表现出信息活动的特征；信息和信息机器成了一切活动的积极参与者，甚至参与了人类的知觉活动、概念活动和原动性活动等。总之，信息时代已经初步到来，互联网与信息技术实现了人类文明发展史上的又一重要转变，无论是在人们的意识形态上，还是在企业的发展方面，信息技术已经随处可见，人类社会正在向信息时代过渡，跨进第三次浪潮文明。

（二）信息时代的显著特征

从宏观的视角进行审视，21世纪，世界各国已经越过信息时代的"萌芽期"，进入了快速发展与完善期。在这一时代，信息技术已经成为不可逆转、不可抵挡的全新潮流，正在改变着世界从前的面貌，并促使世界形成新的格局。

第一，包括美国在内的世界上多数发达国家，已经将信息技术作为重点发展方向，正在出现以信息技术为主的工业化扩散周期，既存在20世纪工业化大生产的"痕迹"，又蕴含着大量信息技术的发展，这对世界的产业结构、生产方式、经济走向都产生了十分重要的影响。

第二，在信息技术快速发展的大背景下，国内各产业乃至各跨国产业之间，能够实现瞬时交流，曾经难以逾越的地理界线，如今在信息时代已不复存在。广泛运用信息技术，进行信息交流，促进产业升级与产业转型，无疑对世界产生新的经济秩序，实现更加全面而广泛的分工合作与协调发展有着重要的推动作用。可见，信息时代的经济社会正在显现出更加深刻的分工协作的局面。

第三，除了经济领域、产业领域的融合与交流之外，世界各国在政治、文化、制度等方面的交流也愈发频繁，全球化已经成为不可回避的现实和趋势。

第四，国际社会信息化正在成为历史趋势，使得国家和人民在政治、经济和文化的各个方面都更加相互依存。伴随着信息技术的冲击，这种全球性依存关系正在影响和改变着国际政治过程和经济文化关系，并将引导历史不断向前发展。

二、信息技术为企业发展与转型助力

在网络与信息成为主题的新时代，新型技术为企业发展提供了许多新的可能，从多个方面助力企业的创新发展，实现了企业的现代化转型。

（一）拓宽了企业获取信息的渠道

在进入信息时代之前，主要以纸媒进行信息传递，这种信息传播渠道效率低、受众窄。企业要想获取外界的信息，了解市场发展的趋向，要想探求其他企业的发展进度与目标指向，需要由专业技术人员进行复杂而漫长的调研。可是，每当企业搜寻到足够的信息时，市场就有可能由于某些因素而产生新的变化，这就导致企业获取的信息丧失应有的实效性。同时，如果获取信息的渠道受限，市场调查员调查方式出现漏洞，抑或是搜集信息和调查市场的活动受到不可抗力的阻碍，那么企业获取有效信息则变得更加困难。

信息时代改变了以上情况，在一定程度上解决了企业获取信息和资源比较困难的问题。信息时代下，人们获取信息不再以纸媒为主，而是以互联网为平台,以信息技术为手段,以数据分析为支撑,实现快速、全面、高效的信息收集工作。曾经以人力为主体、耗费大量时间进行广泛市场调研的时代已不存在;各企业广泛吸纳新媒体领域、计算机领域人才,由他们进行合理分工协作,运用信息时代的新技术,帮助企业获知外界有价值的信息,极大拓宽了企业获取信息的渠道。

(二)信息技术丰富了企业的生产方式

纵观历史,20世纪初的第二次工业革命实现了人类生产方式的巨大转变,人类从传统手工业作坊为主要生产模式的时代,直接大跨步进入了机械化工厂大生产时代,以大量人力与时间换取产品的时代不复存在,各企业形成了批量生产的流水线作业车间。

进入21世纪,知识经济与信息技术成为时代的主题,企业的生产方式发生了重大变革,在新技术的赋能之下,产业结构发生明显转变,体现出多样化、智能化的发展趋向。例如,曾经需要大量人力进行全程操作的流水线,经过信息技术的改造后,成为只需要少量技术人员进行操控的智能化车间,这极大节约了人力;曾经需要专业人员消耗大量时间进行严格数据测算的繁复工作,成为由人工智能系统替代的形式,这明显降低了失误率,提高了生产效率。

此外,企业完成产品的生产之后,在物流系统方面也有着丰富而深刻的信息技术的体现。智能物流是利用集成智能化技术,使物流系统能模仿人的智能,具有思维、感知、学习、推理判断和自行解决物流中某些问题的能力。主要包括自动识别技术、数据挖掘技术、人工智能技术、GIS技术等,许多企业转变传统物流运输思路,将信息化的新技术运用到物流工作中,实现了传统物流到智慧物流的转变,这极大提升了各企业产品的分类效率、仓储效率、运输效率,并有效节约了人力成本。

总之,信息技术丰富了企业生产方式的全过程,无论是产品的生产与加工,还是成品的储存与运输,都因信息技术的助力,实现了具有划时代意义的重大突破。

第二章 企业与企业管理概述

第一节 企业的相关概念

一、企业的定义与基本内涵

(一) 企业的定义

企业,是经济学中的重要名词,国内外的学者对其有着不同的定义,较为常见的几种定义如下。

企业是从事生产、流通与服务等经济活动的营利性组织,企业通过各种生产经营活动创造物质财富,提供满足社会公众物质和文化生活需要的产品服务,在市场经济中占有非常重要的地位。

企业包含企业所得税法及其实施条例规定的居民企业和非居民企业。其中,居民企业指的是依法在中国境内成立,或依照(地区)法律成立但实际管理机构在中国境内的企业。

非居民企业是指依照外国(地区)法律成立且实际管理机构不在中国境内,但在中国境内设立机构、场所的,或者在中国境内未设立机构、场所,但有来源于中国境内所得的企业。

笔者认为,上述关于企业的定义都有一定的道理,并且具有相当的权威性，但是如果从不同的视角出发，还可以对企业的定义进行更为细致的划分。

如果从经济的视角来看，企业就是集合各种生产要素，以经济收益为目的，承担风险创造利润的一种经济组织；如果从法律的视角来看，企业则是一种依法设立的，具有其独立财产并享有独立权利，承担相应法律义务的主体。

总而言之，企业是集法律义务与权利为一体的一种经济组织，其活动受到国家法律的约束与规范，其行为主要作用于商业领域，以获得充足的利润与丰厚的商业报酬。

（二）企业的内涵

通过对企业的定义进行分析，可以发现企业的内涵或基本要素，主要包含如下三个方面。

1.企业主要从事经济活动

企业单位与事业单位不同，企业主要从事的是经济活动，而政府机关、事业单位等从事的是非经济活动。企业广泛活动于市场之中，以谋求经济效益作为其根本目标。

如果说企业没有盈利，那么也将失去继续发展的能力，所以对任何企业来讲，经济收益永远是第一位。

2.企业受市场与法律双重调控

企业作为一个经济组织，在市场之中与其他企业存在着明显的竞争关系。受众作为消费者，其喜好、购买力等因素都是市场大环境的决定性因素，能够在一定程度上影响企业的收益，以及未来发展走向。另外，企业存在于社会中，受到社会相应法律法规的规范，其经济活动乃至各种社会活动都要遵循相应的法律法规。

3.企业具有一定社会责任

"企业"虽然属于经济学的一个词汇，是活动于经济和市场中的组织，但是它更是人类社会中的重要组成部分，是人类社会中的一个子系统。企业的行为受到政治、法律、道德等多方面因素的共同制约与影响。反过来，按照马克思主义的辩证观点来看，企业的行为也会对社会的方方面面起到影响作用。

所以，企业具有一定社会责任，需要履行相应的义务，企业所生产的产品，应当代表进步的文明，并引导大众的群体心理倾向朝着和谐、进步的方向发展。

（三）企业与公司辨析

综上所述，企业是把人的要素和物的要素结合起来的、自主地从事经济活动的、具有营利性的经济组织。

这一定义的基本含义是：企业是经济组织；企业是人的要素和物的要素的结合；企业具有经营自主权；企业具有营利性。根据实践的需要，可以按照不同的属性对企业进行多种不同的划分。例如，按照企业组织形式的不同，可以分为个人独资企业、合伙企业、公司企业；按照企业法律属性的不同，可以分为法人企业、非法人企业；按照企业所属行业的不同，可以分为工业企业、农业企业、建筑企业、交通运输企业、邮电企业、商业企业、外贸企业等。

我国法律规定，公司是指依照《中华人民共和国公司法》在中国境内设立的有限责任公司和股份有限公司。

公司具有企业的所有属性，但是企业与公司又不是同一概念，公司与企业是种属关系，凡公司均为企业，但企业未必都是公司。公司只是企业的一种组织形态。

二、企业的种类与基本特点

自企业发展之初至当今社会已经走过了几个世纪，企业由单一模式发展为较为丰富的种类与形式，而不同的企业也具有不同的特点，以下将对企业的种类与基本特点进行介绍。

（一）企业的种类

按照不同的划分依据，企业可以被划分为不同的种类，如图2-1所示。

```
                                           ┌─ 个人独资企业
                  ┌─ 按照投资人的出资方式与责任方式 ─┼─ 合伙企业
                  │                        └─ 公司制企业
                  │
                  │                   ┌─ 内资企业
                  ├─ 按照投资者的地区 ─┼─ 外资企业
                  │                   └─ 港、澳、台商投资企业
                  │
                  │                   ┌─ 全民所有制企业
                  ├─ 按照所有制的结构 ─┼─ 集体所有制企业
                  │                   └─ 私营企业
                  │
                  │                        ┌─ 无限责任公司
 我国企业 ────────┼─ 按照股东对公司负责的差异 ─┼─ 有限责任公司
 主要类别          │                        └─ 股份有限公司
                  │
                  │                   ┌─ 人合公司
                  ├─ 按照企业信用等级 ─┼─ 资合公司
                  │                   └─ 人合兼资合公司
                  │
                  │                ┌─ 特大型企业
                  │                ├─ 大型企业
                  ├─ 按照企业的规模 ─┼─ 中型企业
                  │                ├─ 小型企业
                  │                └─ 微型企业
                  │
                  │                    ┌─ 农业企业
                  └─ 按照企业经济部门 ─┼─ 工业企业
                                       └─ 服务企业
```

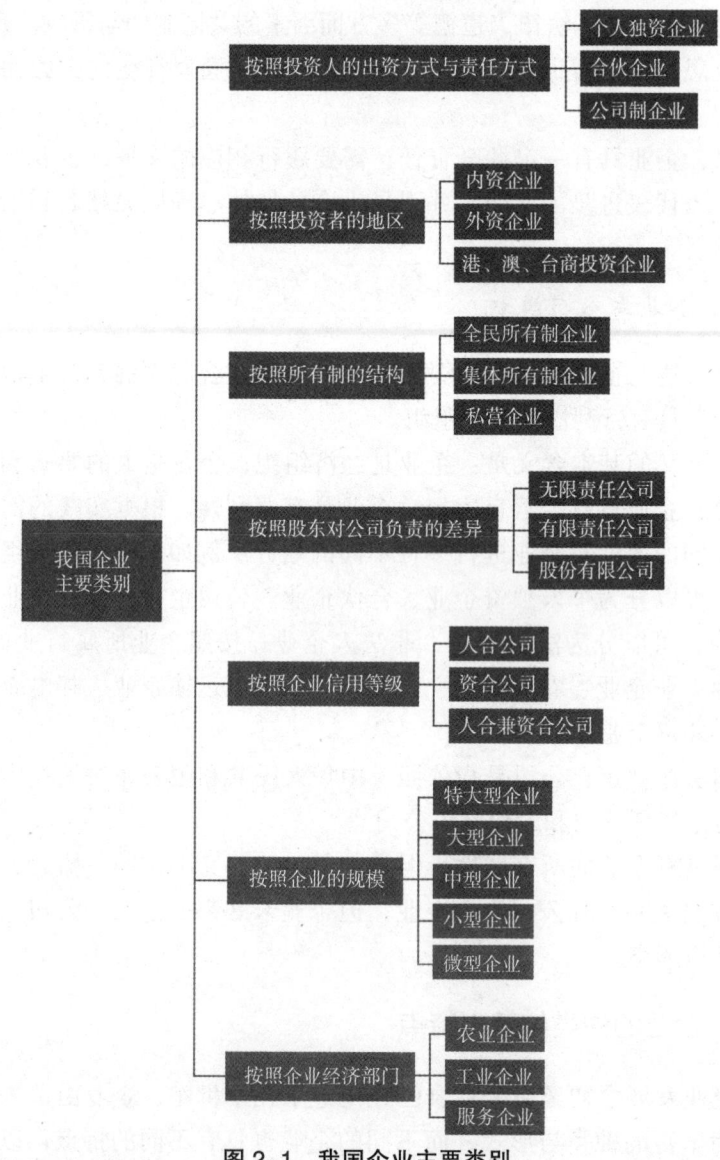

图 2-1 我国企业主要类别

1. 按照投资人的出资方式与责任方式划分

按照投资人的出资方式与责任方式，企业被划分为个人独资企业、合伙企业、公司制企业，其中，公司制企业又分为有限责任公司与股份有限公司。

个人独资企业是由个人出资，个人管控，并承担风险享有收益的企业形式；合伙企业是合伙人（两个或两个以上）共同签订协议，共同出资经营，共同承担风险享有收益的企业形式；公司制企业是依照法律规定，由法定人数以上的投资者（或股东）出资建立、自主经营、自负盈亏、具有法人资格的经济组织。

2. 按照投资者的地区划分

按照投资者的地区，企业被划分为内资企业、外资企业和港、澳、台商投资企业。

内资企业是相对于外资企业的称呼，指在我国境内设立的由我国投资者出资创办的企业。内资企业包含国有企业、集体企业、私营企业、联营企业、股份企业；外资企业是指在我国境内设立的由外国投资者独自投资经营的企业，外资企业具有一定的优势，如独立自由地开展母公司的全球战略，有能力正式开展业务等；港、澳、台商投资企业是指港、澳、台地区投资者参照中华人民国和国有关涉外经济的法律、法规以合资、合作或独资的形式在内地开办企业而形成的一种经济组织。

3. 按照所有制的结构划分

按照所有制的结构，企业被划分为全民所有制企业、集体所有制企业和私营企业。

全民所有制企业（国有企业）是指企业财产属于全体公民，依法进行自主经营，并且自负盈亏的经营单位。一般来讲，该企业还包括国家控股的股份有限公司、有限责任公司和国有独资公司，全民所有制企业只是国有企业的一种；集体所有制企业是部分劳动群众集体拥有生产资料所有权，进行按劳分配的经济组织；私营企业是我国存在数量较多的一种企业形式，指由自然人投资设立或由自然人控股，雇用劳动力的一种经济组织。

4. 按照股东对公司负责的差异划分

按照股东对公司负责的差异，企业被划分为无限责任公司、有限责任公司、股份有限公司。

无限责任公司（无限公司）是由股东（两个或以上）组成，股东对公司债务负连带无限责任的公司形式；有限责任公司（有限公司）是根据《中华人民共和国公司登记管理条例》规定登记注册，由五十个以下股东共同出资成立，每个股东以其所认缴的出资额对公司承担有限责任，公司以其全部资产对其债务承担责任的经济组织；股份有限公司是以公司资本为股份成立的公司，股份有限公司一般有2～200个发起人。

5.按照企业信用等级划分

按照企业信用等级，企业被划分为人合公司、资合公司、人合兼资合公司。

人合公司是以股东个人条件作为公司信用基础而组成的公司；资合公司是指一个或数个以达到法律规定的最低注册资金做资本金的自然人或法人注册成立的公司；人合兼资合公司是信用基础兼具股东个人信用及公司资本和资产信用的公司，公司既有人合性质又有资合性质。

6.按照企业规模划分

按照企业的规模，企业被划分为特大型企业、大型企业、中型企业、小型企业和微型企业。

7.按照企业经济部门划分

按照企业的经济部门，企业被划分为农业企业、工业企业和服务企业等。

农业企业，是指通过种植、养殖、采集、渔猎等生产经营而取得产品的营利性经济组织，需要注意的是，农业企业具有广义与狭义之分，从广义的角度来讲，农业企业包括从事农作物栽培业、林业、畜牧业、渔业和副业等生产经营活动的企业，从狭义的角度来讲，农业企业仅包括种植业，或作物栽培相关企业；工业企业是直接从事工业性生产经营活动的营利性经济组织。

（二）企业的特点

综上所述，我国的企业具有多种分类方式，在不同的分类标准下，具有不同的表现形式。但是针对所有的企业而言，其都具有一些共通的特点。

1.生产性

对企业来讲，生产和制造产品是其最主要的运转模式，只有把各种生产资料加以整合并充分利用，才能真正实现企业的价值。对其他的组织而言，目的具有多样性，有些社会组织可能把传播思想观念作为根本目的，如文化社等。但是，企业的目的是能够使生产过程顺利进行，并依靠自身的生产力，生产出预期的产品，这也是企业与其他社会组织最大的不同。

2. 封闭性

企业自身结构与社会具有明确的界限，包含如下三个方面：

（1）具有人员边界，即企业配属的人员数量有明确规定，需要与企业的规模相协调。

（2）具有经济核算边界，即企业作为税收对象与经济统计对象，具有法律认定的边界，在这个边界内部可以给出完整的经济核算。

（3）具有产品边界，即作为产品设计者、制造者、供应者，企业能够满足社会某方面的需求。

企业虽然存在与社会之中，属于社会整体的一部分，但是其自身内部与外界又是孤立的，是一个封闭的体系。

3. 客观性

企业是客观存在于社会中的经济组织，由特定的成员构成。企业的一系列流程、活动都是与客观存在的各种物质、要素、资料相联系的，企业所造成的影响、结果明显影响到社会。优质的企业，有着高效的运转流程，能够对社会的发展起到促进作用。

4. 效益性

企业是一种经济组织，其根本目的在于获取利润和经济效益。任何企业都希望通过科学合理地规划、全面整体地设计、高效便捷的步骤，实现既定的目标，获取高额的收益。所以，企业具有效益性，以经济效益作为第一要义。

三、西方企业的产生与发展

根据马克思主义唯物史观的基本观点，社会的发展与进步是生产力发展到一定水平，以及生产方式发生相应变革的结果。企业得以产生，必然与生产力的发展紧密相关，是人类商品经济发展的必然结果。

(一)西方企业的产生

据记载,企业产生于第一次工业革命时期的欧洲社会。在工业革命之前,世界各国的生产方式都较为落后,都是由自然经济作为主导,社会的生产一般是以家庭或者手工作坊为单位展开。这种生产方式较为原始,规模较小,生产效率较低,仅能满足基本需求。

随着社会生产力的发展,以及人们手工业水平的进一步提升,家庭手工作坊开始慢慢过渡到初期的企业形态。这一时期,欧洲社会大量农村居民迁入城市,城市的规模进一步扩大,这为企业的产生提供了充足的"后备军";同时,资本主义产生并不断壮大起来,银行随之产生,这为企业提供了筹措起步资金的渠道。

有学者认为,这时的各种作坊虽然生产规模较小,但是具有生产活动,产品贩卖活动也具有经济性,所以也应当算作企业。笔者认为,企业与作坊具有明显的区分与界定,企业是一个现代化的词汇,与传统的生产方式存在明显差异,规模化、系统化是其显著的特点,而这在手工作坊中是很难见到的。

由于英国是工业革命展开较早的国家,所以在18世纪70年代,第一家企业于英国问世。

早期,资本家雇用大量工人,要求工人运用生产工具,在协调分工的前提下,进行大规模的商品生产活动和商品交换活动。这时主要产品为水泥、煤炭、纺织品、钢铁等,这些产品许多都无法为受众直接利用,还需要进一步加工,制成人们可以直接使用的物品。不过,企业能够运用比较科学的管理模式,更好地利用生产资料,这使得生产成本明显降低,劳动效率显著提高,促进了社会生产力的发展,并为今后企业的发展迈出了示范性的"第一步"。

(二)西方企业的发展

企业产生之后,就进入了发展期,发展期可以大致分为三个阶段,分别为手工业生产时期、工厂生产时期和企业生产时期。

1.手工业生产时期

16世纪至18世纪上半叶为手工业生产时期,这一时期可以看作企业发展的早期阶段。这一阶段，较为发达的西方国家由封建社会制度向资本主义社会制度快速转变，以英法等国为主要代表。英国主要是各种小规模的家庭手工业，生产方式比较原始，没有明确的分工与合作。

16世纪之后，工业革命的脚步逐渐加快，社会中出现了越来越多的具有一定组织和规模的小型工厂。这些小型工厂有了较为明确的分工，不同岗位具有不同的职责。工厂虽然规模不大，但是相较于之前以家庭为单位的小作坊已经有了质的飞跃，除了之前常见的纺织业等，还出现了许多其他的新兴产业，促进了社会发展。

2．工厂生产时期

18世纪至19世纪为工厂生产时期，这一时期的企业开始广泛使用机器进行生产，机械的涉及领域更加广泛。同时，工业革命开始在西欧的更多国家展开，以英国、德国为首的诸多西欧国家开始了工业革命，并产生了真正意义上的企业。

18世纪60年代，英国的资本积累已十分充裕，于是开始以雄厚的资本实行多方面的政策，对内开展圈地运动，侵占农民的土地，占据大量的荒野、田园、土地开办工厂；对外则进行殖民扩张，掠夺其他落后民族的资源，强迫他们成为自己的廉价劳动力。这极大促进了英国工厂的发展，1771年，阿克莱特在曼彻斯特创立了第一家水力纺纱厂。该工厂成立之后，英国许多企业争相效仿，18世纪后期英国企业发展进入了白热化阶段。

稍晚于英国的德国，企业发展也较早，发展速度较快。工业革命初期，德国就十分重视工业的发展，其手工业、纺织业、水泥业等行业都已具雏形，经过近百年的发展，到19世纪上半叶德国工厂制度已经基本确立。

随后，欧洲各国的工业革命也进入高潮阶段，各项工业水平明显提高，包括机器制造、冶金、运输等在内的各种行业都已经有了较大规模。

伴随着西欧各国工业革命的推进，以及企业的不断发展，许多思想家从理论的视角出发，对当下社会的发展进行了比较全面的解读和深入的分析，有些学者极为肯定资本主义所带来的丰厚成果，认为这些雄厚的资本极大促进了人类文明的发展，为企业的产生与壮大提供了源源不断的动力。也有学者认为，虽然当下企业已经具有一定的规模，但是还有许多企业建设并不健全，存在许多不容忽视的问题，其分工形式有待完善。亚当·斯密作为这一时期最为杰出的经济学理论家,也在这一方面提出了自己的见解,促进了劳动分工方式的发展与完善。

3. 企业生产时期

19世纪后期至20世纪初为企业生产时期。这一时期,各国的工业革命已经宣告完成,资本主义工厂制度在许多国家已经基本确立。这一时期的资本主义经济也从自由资本主义快速向垄断资本主义过渡,工厂制度开始发生质的变化,向企业生产时期迅速过渡。

(1) 新时代的新技术和新发明相继问世。在各国愈发重视科学技术的趋势下,越来越多的新发明问世,并流入市场。这极大改变了人们曾经的生活方式,给人们提供了较强的便利性。同时,也刺激了人们的消费欲望,反过来,这股消费欲望作为民众的强烈需求,又推动了生产活动,给企业发展带来动力。

(2) 企业的管理模式基本完善。这一时期,欧洲各国企业的管理模式已经基本完善,与18世纪相比,企业管理模式更加多样化、体系化、规范化。一方面,不同的企业具有不同的管理模式,对员工有着不同的要求和准则,审查制度也有所不同;另一方面,企业管理相关的学术文献愈发丰富,这为企业的决策者和管理者提供了一定的参考与借鉴。例如,1911年泰勒的《科学管理原理》一书,引起了企业管理领域的轰动,许多管理者痴迷于书中的理论,并努力将其应用于企业的管理实践中。

(3) 企业之间的竞争更加激烈。西欧各国的资本家在初次尝到工业革命与企业生产的"甜头"之后,希望进一步扩大企业规模,于是制定了相应的措施,主要包括企业兼并等活动。

这有效扩大了企业规模,却给许多较为弱小的企业带来了巨大的风险,小企业很可能被快速吞并。例如,美国的福特、通用等公司,则利用强大的资本优势在市场上与其他公司展开了剧烈的角逐,致使许多小企业被兼并。

另外,西欧各国的联系愈发密切,开始出现大量的跨国企业,这些跨国企业中的人员构成较为复杂,往往包含多国居民,大大增加了企业中的不稳定因素,各"小集团""小派系"希望得到更多的利益,从而与企业中的其他"小派系"展开竞争。

（4）企业的立法不断完善和健全。在19世纪后期，英国、德国、日本等国家希望以法律作为企业发展的保障，于是令有关部门于各国的商法典中建立健全与企业相关的制度与法规。例如，1861年德国《普通商法典》，1890年日本《商法典》都针对企业存在的部分问题进行了明确的解释，并为企业的发展制定了相应的规则，从而使企业能够在良好的社会环境中不断发展。

20世纪，尤其是第二次世界大战以后，资本主义经历了一个相对稳定的发展时期，随着资本主义政治经济的发展变化，特别是科学技术的迅猛发展，政治经济格局的深刻改变，世界经济一体化、全球化日趋加强，企业、特别是公司组织也发生了许多新的变化。

四、我国企业的产生与发展

在许多人的固有思想中，我国的企业产生较晚，而事实上，我国的企业早在古代就已出现，并且拥有较长的发展历程。

（一）我国企业的产生

关于我国的企业到底产生于何时，学者们对此也是众说纷纭，没有形成明确的看法和观点。有学者认为，我国企业的起源应当从1779年开始算起。这是因为较早体现我国企业形式，并有所记载的文件应当属1779年四川自贡同盛盐井的开采经营合约——《同盛井约》。该合约对当时我国自贡地区井盐的开采、开发、运输、销售等活动进行了比较详细的记录，促进了当时合伙经营模式的进一步发展。

不过，多数学者认为，在明清之交我国已经出现了合伙企业的萌芽，这种模式主要是合股形式，在当时的手工业领域广泛存在。

（二）我国企业的发展

我国企业的发展历程与西欧诸国有着明显的不同，最大的不同体现在我国企业发展曾一度存在各种各样的阻力，这些阻力有些来自国内，有些来自国外。但是经过我国劳动人民长期的努力与奋斗，也曾创办了大量颇具规模的企业，并且带动国内各行业取得了长足的发展，为我国现代化发展夯实了基础。

1. 我国企业发展的阻力

（1）我国特殊的地理环境与地理位置，形成了我国古已有之的封闭保守内向型的民族性格。中国处于亚洲东部地区，北部是寒冷的西伯利亚平原，南部与东南亚诸国接壤，南部地区（广东、江西、福建）也是连绵不断的山脉与沟壑，西部是天山山脉与青藏高原，东部则是一望无际的太平洋。在这样的地理环境下，我国先民主要生活在土地肥沃、地势平坦、气候适宜、四季分明的中原地区。这一带十分适宜农业耕种，因此我国主要发展为以农业为主的自然经济生产模式。在长期"面朝黄土背朝天"的耕种生活模式下，人们养成了较为内敛、含蓄的性格特征，这与以冒险、奋斗、探索、开拓为核心的企业精神有着明显的差异，在一定程度上成为我国企业发展的阻力。

（2）我国是传统农业大国，在"三代时期"，就曾留下诸多农业方面的重要历史事迹，如大禹治水等。所以，我国人民自上而下都有着重农抑商的思想倾向。在春秋战国时期，各种思潮如百花齐放，各家学派瞬间出现于社会之中，如儒家、墨家、法家等。纵观各家之说，无一不包含浓重的重农抑商思想色彩。孔子云："君子喻于义，小人喻于利。"孟子曾说过，"为富不仁矣"。李悝也曾在《法经》中明确表示要"尽地力"，要大力发展农业。随着时代的发展，即使到了宋明时期，诸多儒家先哲也始终认为农业为治国之本，虽然做官也是实现个人价值的途径，但是商业永远居于次要地位和从属地位。久而久之，这种重农抑商的社会范围极大地抑制了我国商业的发展。

（3）19世纪，西方各国基本完成第一次工业革命之后，开始了资本扩张，而此时我国仍处在闭关锁国的阶段，帝国主义以坚船利炮打开了我国的国门，我国的海禁政策也被迫解除。这一时期，我国传统经济开始解体，西方经济的管理形式逐步传入中国。中国被西方列强所鱼肉，沦为半封建、半殖民地的国家，经济和社会发展停滞不前，相应地，我国的企业也缓慢前行。旧中国的企业举步维艰，经历了一个艰难的发展历程。

总之，以上三点原因共同限制了我国企业的发展。到19世纪后期，我国涌现出一大批具有创新思想的爱国人士，他们以民族复兴为己任，学习先进思想与管理方式，兴办企业，帮助我国走上了企业发展的"新征程"。

2. 我国企业的近代发展

19世纪70年代后期,我国出现了许多企业界的"先行者",他们效仿西方的先进管理模式,使我国企业进入了快速发展时期。

这一时期我国兴办的部分企业,如图2-2所示。

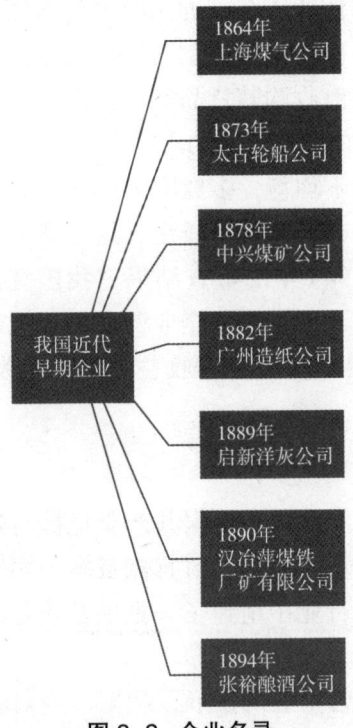

我国近代早期企业:
- 1864年 上海煤气公司
- 1873年 太古轮船公司
- 1878年 中兴煤矿公司
- 1882年 广州造纸公司
- 1889年 启新洋灰公司
- 1890年 汉冶萍煤铁厂矿有限公司
- 1894年 张裕酿酒公司

图2-2 企业名录

进入20世纪,北洋政府也认识到企业对社会经济发展的促进作用,制定了相关的法律法规,以保障企业的发展。例如,1914年北洋政府颁布《公司条例》,《公司条例》规定,我国的公司主要形式为无限公司、两合公司、股份有限公司、股份两合公司四种。这在一定程度上促进了我国企业的发展,企业类别有了基本的划分依据。后来,民国政府在此基础上,又额外增加了外国公司与有限公司两种形式。据统计,1931年我国所有的企业中,包括独资企业760家、合伙企业793家,其他各类公司共计300多家,共计将近2 000家。

总的来看,这一阶段我国的公司有了一定的现代化发展趋势,企业的规模越发壮大，管理方式也明显向西方学习，呈现体系化和规模化的特点。但是由于我国在20世纪初综合国力较弱，内忧外患层出不穷，企业的发展仍然受限，仍有明显的不足，这主要体现在如下方面。

（1）我国的社会大环境仍然存在着企业发展的阻力。正如上文所述，我国自古就有着重农抑商的传统，近代西方列强虽然给我们带来了一些先进文化，但是他们对我国经济的遏制与欺压又令国人倍感屈辱，如他们恶意调高关税，强迫清政府收购其货品等。总之，这些因素使得我国的政治环境与经济环境对企业的发展都较为不利。

（2）我国企业形式不均衡，多数实力较弱。这一时期我国企业多为股份公司，而其他形式的公司却数量较少，这一状况一直延续到中华人民共和国成立前夕，根据1949年的审查结果，我国登记的公司有11 298家，其中股份制公司占了约八成，可见企业的发展严重倾斜。同时，多数企业的实力较弱，难以取得较多的经济收益，对产业发展的推动力更是不甚明显。

3. 我国企业的现代发展

中华人民共和国成立之后，中国共产党把握时代的脉搏，找准限制我国企业发展的关键点，革除弊病，对官僚资本公司实行没收政策，并将其转化为国有企业，在各行业中组建了一批国营企业性质的公司，改变了我国企业发展落后的现状。

同时，为了规范私营企业的发展，我国政府对各种形式的私营企业提出了多项明确的要求。随着社会主义改造的进行，原来的私营企业被改造为公私合营企业。这类企业保留了私人对企业的投资，股东对企业承担有限责任。盈余分配上，一部分以税收形式上缴国家，一部分留作企业公积金，另一部分作为工人福利基金，所余部分按公股、私股所占比例进行分配，这时，公司合营企业仍然保留有公司的股份性质❶。

20世纪50年代和60年代，为了给国内企业的发展营造更加优质的社会环境，我国在一部分工业部门组建了一批全国性和地区性的托拉斯，试办了汽车、化工、制铝、盐业等多个公司。1950年，中国提出社会主义工

---

❶ 张士元：《中国企业法律制度研究》，上海，立信会计出版社，2013: 16.

业化的目标，1953年又提出"一化三改"的总路线。总之，中华人民共和国成立之后，我国人民真正"站了起来"，国内的企业开始走上正轨，公司的数量与规模与日俱增。

20世纪80年代，我国迎来了又一个高速发展期。一方面，我国思想领域迎来了"百花齐放"的局面，邓小平同志表示，一定要重视精神文明的建设，要注重文化对社会发展的促进作用，将文化建设纳入经济与政治建设的整体范围之内；另一方面，邓小平同志高度重视经济建设，提出了"以经济建设为中心"的时代方针，这对我国企业的发展无疑是一剂"强心针"。在改革开放的背景下，我国难以继续维系的企业再次获得了发展的动力，许多企业重新兴起，并取得了比以往更加辉煌的成绩。

20世纪80年代后期，股份制企业数量开始明显增多，1984年，北京天桥百货公司向内部员工发行股票，同年12月，上海静安证券业务部也发行了股票。

1986年，上海静安证券业务部又额外开设了股票交易业务，同年12月，国务院颁布《关于深化企业改革增强企业活力的若干规定》（以下简称《规定》），《规定》对股份公司的发展和完善提供了法律保障。据统计，1988年年底，我国股份制企业数量已激增至6 000多家，股本总额达60多亿元。之后几年，国家又相继推出了重点法案，以保障企业稳步发展。

进入21世纪，随着社会主义市场经济体制愈发完善，企业立法不断健全，我国各企业已经取得了腾飞式的发展。中国共产党第十八次全国代表大会以来，我国采取各种支持和激励市场主体发展的措施，中国共产党第十八届中央委员会第三次全体会议强调为非公有制经济的发展提供助力引擎，如今我国企业无论在数量上还是规模上，都有着明显的提升。同时，与企业相关的各项法律法规也十分健全，这成为企业发展的可靠保障。我国企业相关法律法规有《中华人民共和国企业国有资产法》《中华人民共和国公司法》《企业国有资产监督管理暂行条例》《中华人民共和国个人独资企业法》《中华人民共和国外资企业法》《国有企业法律顾问管理办法》等。

第二节 企业管理的相关概念

一、管理与管理者的定义

企业管理是涵盖经济学与管理学的学业门类，其包含企业、管理、管理者等多方面的内容，在探究企业管理的相关概念之前，先要对管理、管理者等概念进行界定。

（一）管理的定义

管理与人们的日常生活息息相关。在家庭中，家长要求孩子按时做作业，按时上床睡觉，这就是一种存在于家庭中的管理活动；在学校中，教师要求学生遵守课堂纪律，杜绝迟到早退现象，这就是一种存在于学校中的管理活动；在社会中，管理部门要求民众遵守法律法规，这就是一种存在于社会中的管理活动。可见，管理无处不在，与我们每个人的生活密切相关。接下来，从学术的视角对管理进行更加细致的分析。

1. 国外学者对管理的定义

进入20世纪之后，随着学科逐渐体系化、系统化，学者们对概念的界定也愈发充分，对管理研究较早的当属"科学管理之父"泰勒。

泰勒认为，管理就是确切地知道你要别人干什么，并让他用最好的方法去干。可见，泰勒对管理的解释较为通俗易懂，并且明确指出管理的中心环节在于"干"，也就是"使他人去做"。从中我们可以了解到，这一环节虽然是指示或命令他人去做某事，却不仅仅是一个简单的下命令的行为，在下命令之前，管理者需要在内心形成比较全面的规划，再以最为合理高效的方式对人下达命令。

"管理理论之父"亨利·法约尔认为,"管理是所有的人类组织都有的一种活动,这种活动是由五项要素组成的:计划、组织、指挥、协调和控制,即管理是由计划、组织、指挥、协调及控制等职能为要素组成的活动过程"❶。

"现代管理学之父"德鲁克认为,"管理是一种工作,它有自己的技巧、工具和方法;管理是一种器官,是赋予组织以生命的、能动的、动态的器官;管理是一门科学,一种系统化的并到处适用的知识;同时管理也是一种文化"❷。

曾出版有多部畅销管理学著作的美国管理学教授斯蒂芬·罗宾斯认为,"所谓管理,是指同别人一起,或通过别人使活动完成得更有效的过程"❸。可见,斯蒂芬·罗宾斯教授更加注重管理的协作性,认为管理不是"孤军奋战",而是人与人之间的巧妙配合。

国外诸多学者从不同的视角出发,对管理下了不同的定义,对此,我国学者也有着丰富的研究成果,颇具参考价值。

2.国内学者对管理的定义

对管理有着较为深入研究的国内学者有周三多、谭力文、陈春花等人。

周三多认为,"管理是指组织为了达到个人无法实现的目标,通过各项职能活动,合理分配、协调相关资源的过程"❹。

谭力文认为,"管理是在组织中,为实现组织运行与环境变化的协调,及组织个人目标与组织整体目标差异的协同,以达到提高组织运行效果和效率的社会活动。"❺

陈春花认为,"管理只是要做一个分配,就是分配权力、责任和利益,但是需要特别强调的是,必须把权力、责任和利益等分,成为一个等边三角形"❻。

---

❶ 刘成:《管理者的实践逻辑》,上海,上海交通大学出版社,2020: 21。
❷ 同上。
❸ 同上。
❹ 同上。
❺ 同上。
❻ 同上。

总的来看，国内外学者虽然对管理的定义众说纷纭，但是通过分析也能发现其中存在着某些共同的部分，即管理是一种为了实现目标，协调他人共同进行实践的一种组织性活动。

（二）管理者的定义

北京大学的陈春花教授则认为，"管理只是要做一个分配，就是分配权力、责任和利益，但是需要特别强调的是，必须把权力、责任和利益等分，成为一个等边三角形。管理是服务，管理始终为经营服务、管理始终为目标服务"[1]。

杨仕梅则认为，"管理者是指在组织中行使管理职能、指挥或协调他人完成具体任务的人，其工作绩效的好坏直接关系到组织的成败兴衰"[2]。

也有学者认为，通俗来讲管理者就是广泛存在于各种组织之中，对其下属下达命令，进行指挥性和统筹性工作的人员，包括厂长、院长、经理等。

笔者认为，想要得知管理者的明确定义，先要对管理者所包含的各项要素进行分析，一般来讲管理者是管理活动的指挥者和领导者，是一项活动或一项任务的决策者，所以管理者的根本任务并不在于其自身能够完成怎样实际的工作，而是对工作或活动的判断，以及准确判断和分析之后所进行的指挥与命令活动。根据管理者的这一要素可知，管理者是对活动整体具有全面性的了解，并通过较为恰当的方式对其他人下达命令，以促使活动或目标顺利实现的人。

根据管理者层次的不同，可进行不同的分类，学者一般将管理者分为三种类型，分别为高层管理者、中层管理者、基层管理者，如图 2-3 所示。其中，高层管理者是对整个组织的各项活动负整体责任，主管一切事宜的人；中层管理者作为高层管理者与基层管理者的"衔接"，主要负责组织中间层次的任务，并协调和传达上下级的命令与情况；基层管理者（一线管理者）仅管理作业人员，其职能只包括工作活动的具体环节，以及监督活动，而不涉及更高层次的规划性管理。

---

[1] 余孝炉，赵洪波：《管理学新编》，北京，机械工业出版社，2020：21。
[2] 杨仕梅，李晓楠，曾霞，等：《管理学》，北京，北京理工大学出版社，2017：6。

图 2-3　管理者的层次划分

二、企业管理的基本内容

企业管理属于一个合成词汇，其内容包含企业、管理、管理者等要素，目前学界对企业管理的定义尚无定论，各界学者从不同的学科领域出发，对其进行了不同的定义，可谓"仁者见仁，智者见智"。笔者对学者们关于企业管理的定义进行了总结，并从中找到为多数人所认可的定义。

（一）企业管理的定义

马承严认为，"企业管理是对'把一种或多种物质（或知识）经过一定流程和工艺加工后产生新物质（或知识）换取效益，求得更快发展'过程中的策划、计划、组织与实施、监督与考核、激励与领导等系列活动的总称。"❶

王关义与陈占峰等学者认为，"企业管理是对企业生产经营活动进行计划、组织、指挥、协调和控制等一系列活动的总称，是社会化大生产的客观要求。"❷

可见，有些学者从目的论出发，认为企业管理所取得的经济效益是根本目的，以此为目标所进行的各项管理活动才是真正的、高效的、正确的企业管理；也有学者认为企业管理是管理者对企业所进行的一系列管理活动的总称，该定义更具有广义性。

笔者认为，顾名思义，企业管理必然是针对企业，与企业始终相联系的管理活动，是管理者对企业所进行的一系列组织、规划、监督、调控等活动的总称。同时，企业管理活动必须要以经济效益为目标，否则企业管理也将失去其存在的意义。

---

❶ 马承严：《中药企业管理》，天津，天津科学技术出版社，2009：38。
❷ 陈占峰：《卓越领导力与高效执行力》，北京，中国经济出版社，2013：10。

（二）企业管理的属性与职能

企业管理的属性是其之所以成为企业管理的本质与核心所在，而职能则是企业管理必然要进行的几项基本活动。

企业管理的属性

企业管理具有两种属性，分别为自然属性与社会属性。

1. 企业管理的自然属性

企业管理产生的根本原因，是社会的生产力有了明显提高，社会的生产方式有了明显转变，人们能够以更加高效的方式进行生产活动。可见，企业管理的产生并非"某人""某物"的刻意为之，而是企业发展到一定水平，自然而然产生的一种活动，其主要体现在对组织各项活动的调控、监督等，如果缺乏企业管理活动，则无法促进企业的进一步发展，甚至还会阻碍其正常运转。

2. 企业管理的社会属性

按照伟大革命导师马克思与恩格斯的观点，我们所存在的社会是"人化"的社会，人类所创造的一切文明都存在于社会之中，企业管理作为社会中的管理活动，必然具有社会属性。一方面，企业需要与时代接轨，企业的发展方向、发展目标，以及今后所制定的各项方针，都要随着社会的发展而变化；另一方面，企业自身、企业内部也是一个微缩的、小型的社会，企业中包含各个层级，各职能部门等，正所谓"麻雀虽小，五脏俱全"，整体的运行机制与社会十分相似。所以，企业管理具有一定的社会属性，管理活动一定要从实际出发，认清这一属性，有效开展各项工作。

（三）企业管理的职能

企业管理具有五项职能，分别为计划职能、组织职能、领导职能、控制职能、协调职能，如图2-4所示。

需要注意的是，在真正的企业运转和管理活动中，这五项职能并非毫无关联，而是互相联系的一个整体，相当于整体与部分的辩证关系。首先，职能的执行具有一定的先后顺序，先要执行的是计划职能；其次，职能是相互交叉和融合的，有些职能在执行时，需要其他职能的参与，如计划职能的实施需要组织职能的帮助。

- 计划职能　　预先制订可行性的计划
- 组织职能　　针对企业活动科学组织管理
- 领导职能　　充分发挥管理者（领导者）能力
- 控制职能　　时刻保持企业生产活动的可控性
- 协调职能　　合理协调其他职能

图 2-4　企业管理五项职能

1. 计划职能

企业管理具有计划职能，计划职能是企业的管理者对企业未来发展的规划。实事求是、与时俱进是我们时刻要遵循的准则，随着时代的发展，社会也在不断变化，企业应当准确把握时代的脉搏，适当做出改变与革新。为了给企业提供发展的动力，找准发展的正确方向，管理者需要对其进行预先规划，包括"决定做什么""决定如何做""决定与谁一起做"等内容，这便是企业管理的计划职能。

事实上，无论是企业，还是其他各项活动，在正式开始之前都需要做好充分的准备，"铺路搭桥"才能帮助活动走向成功，"未雨绸缪"才是防患于未然的关键法宝。所以，为了企业的良好发展，必须要提前做好计划。同时，为了让计划具有科学性、可行性，还要对企业内部条件与外部条件进行深入的分析与调研，以便从实际出发，作为最切合实际的判断，以及科学的预测，从而制定出实现目标的可能方案。

另外，计划十分重要，我们虽然应当预先定好计划，但是由于情况无时无刻不在发生变化，所以计划也存在一定的不确定性，管理者也应当适当对计划进行调控。如果没有针对实际情况对计划进行改变，那么很可能导致原先的正确方案走向失败。总之，管理者一定要预先统筹，科学决断，适当调整，帮助企业不断创收。

2. 组织职能

企业管理具有组织职能，合理有效地组织能够帮助企业形成一种协调、有序的生产关系。在日常生活中，很多活动都需要进行组织，在企业中组织的重要性则更加明显。

组织有助于企业更加合理科学地利用各种生产资源，实现生产资料的合理分配；组织有助于企业将员工安排在恰如其分的岗位，以发挥每个人的优势，避免其劣势；组织有助于企业更加顺利地开展各项活动，如培训活动、讲座活动、交流活动等，能够形成较为和谐的群体氛围；组织有助于企业有条不紊地进行预先制订的计划，实现企业生产活动的高效运转。

总之，企业组织职能不仅是实现企业计划的重要保证，还是其他管理职能发挥作用的前提。如果企业的组织结构体系不科学，企业就不能建立起统一的生产经营指挥系统，也就难以协调地运行，职责不清、推诿扯皮现象就会发生，企业生产经营过程中的控制就无法实现。可见，企业组织职能作用的正常发挥是提高管理效率的重要保证。

3. 领导职能

企业管理活动中，领导者发挥着重要的作用，对正常开展各种活动具有举足轻重的意义。领导者的英明决策与正确领导，是管理活动的可靠保障，而决定领导职能，决定领导者自身影响力的关键，则包括领导者自身的因素。领导者自身因素包括职位因素与人格因素，职位因素指领导者自身所处的职位和资历，这些因素能够使其具有一定的权威性、决断性，能够从法规章程、行为纪律上实现高效管理；人格因素指领导者自身的性格、魅力等，这些因素能够使其具有一定的亲和力、号召力，在某种意义上，人格因素甚至比职位因素具有更强的影响力，能够对企业的发展起到更加积极的促进作用。

4. 控制职能

控制是行为主体对其可控范围的活动进行限制与约束的行为。控制职能有助于管理者对企业的产生、经营等活动进行有效监管，以保证企业朝着正确的方向和轨迹不断发展。如果没有控制职能，那么企业很可能就会由于某种特殊情况的出现，导致生产过程受阻，生产目标无法完成，造成无法挽回的损失。

企业的控制过程主要包括明确控制范围、确立控制标准、衡量绩效、纠正偏差。这几个步骤能够保证企业在预定的"发展轨道"上前进。管理者应当行使其控制职能，对企业的生产活动进行有效管理，如成本调节、生产质量监控、职权划分等。

5. 协调职能

协调职能也称调节职能，指协调企业内部各个方面、各个环节以及各个部门的工作，确保企业各项活动能够和谐一致，将矛盾减少或者消除，从而实现企业目标。

三、企业管理的基本原理

企业管理具有一定的原理，这些原理使得企业管理有规可循，学界关于企业管理的基本原理有着较为一致的看法，绝大多数学者认为企业管理的基本原理主要包含八个方面，分别为系统原理、分工原理、弹性原理、效益原理、激励原理、动态原理、创新原理、可持续发展原理，如图2-5所示。

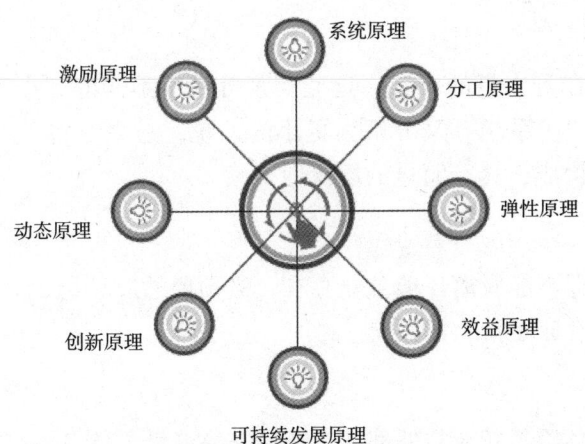

图 2-5 企业管理的基本原理

接下来，笔者将对以上八个企业管理的基本原理进行论述。

（一）企业管理的系统原理

系统，是由整体中的各个要素与各个环节连接而成的一个有机体，各个要素与环节处于紧密的联系中，它们互相作用、互相影响。系统具有整体性、目的性、层次性、相关性等特点，从这一视角来看，企业管理也是一个系统，企业中的各个要素与环节也具有目的性、整体性、层次性、独立性等特点。

1. 目的性

系统之所以会出现并持续存在，是因为客观存在的一种"动力因"，这种内在的目的是系统存在的根本，任何系统都是为了特定的目的而产生的，而其内部结构也各有其特定的功能。

2. 整体性

按照马克思的辩证唯物主义观点，整体与部分存在着无法否认的辩证关系，整体是部分构成的整体，而部分是整体之中的部分，整体与部分普遍联系。任何系统都不是简单的要素集合，而是一个有机的整体，它们相互协调，相互联系。

3. 层次性

系统中存在着大量的要素，这些要素分属于不同的"小系统"或"子系统"，这些"子系统"又分解为更小的系统，总之，每一个大系统都由若干个小单元构成，具有明显的层次性。

4. 独立性

任何系统都不能脱离环境独立存在，必须要适应环境，克服不良影响，才能够成为具有充足活力的系统。

5. 开放性

管理过程必须不断地与外部社会环境交换能量与信息。

6. 交换性

在系统中，各种要素存在其中，由于系统会发生变化，各要素也会随之发生变化。

7. 依存性

各要素相互依存，如果某一要素离开其他的要素，其自身也无法独立存在。

8. 可控性

有效的管理系统必须有畅通的信息与反馈机制，使各项工作能够及时有效地得到控制。

（二）企业管理的分工原理

分工原理，指企业的各部门应当有明确的分工，应当明晰自己的职责与义务。事实上，明确的分工不只在企业管理中适用，在社会中也同样如此。著名古希腊哲学家柏拉图曾提出"正义"学说，他认为，人们具有不同的天赋，要根据人们不同的天赋让他们行使恰如其分的工作，走上适合自己的岗位，这种明确的分工也为企业分工原理提供了一定的指导思路。

企业进行明确分工，最直接的意义便是能够显著提升员工的工作效率，具体来讲，包含以下几点。

（1）分工有助于提升企业生产活动的效率。明确分工以后，员工能够做自己擅长的工作，进行单一性、重复性的操作，久而久之，能有效提升其工作的熟练度，从而提高生产活动的效率。

（2）分工有助于节约时间。例如，产品的搬运工作，如果由每一个员工从地点 A 点搬到地点 B，每个人都需要走较长的路程，并且耗费体力，消耗时间；如果由多个员工站在不同的位置，直接进行传递，那么则明显节约了时间。所以，明确、合理的分工有助于节约时间。

（3）分工有助于企业的协调管理。各部门下属员工都有其明确的工作内容，分工明确避免了工作内容的交叉，使员工明晰了自身的职责与义务。

总之，分工原理是企业管理中需要遵循的重要准则，涉及各领域，无论是较为基础的工业、农业，还是与我们密切相关的服务业，都需要有明确的分工。在企业管理的发展中，既要具有一定的创新精神，学会新的技术与管理方式，也不能忘记分工这一传统要求。

(三)企业管理的弹性原理

简单来讲,弹性原理就是在企业的管理过程中,要具有适当的灵活性、可变性,以增强企业对内外部环境变化的适应性,从而使得企业能够更好地应对各种各样的挑战,以促进其取得更好的发展。

当代社会瞬息万变,企业与企业之间,企业与政府之间,国内企业与跨国企业之间,都存在着各种各样的关系。企业预先制定好的各种政策、制度、规章,虽然在一定时期内可能具有可行性,但是随着其他要素的变化,也应当随之而改变,要杜绝程式化、守旧化发展,要提升适应能力与应变能力。

弹性原理运用在企业管理方面,具有几种不同的表现形式,分别为局部弹性、整体弹性、积极弹性、消极弹性。局部弹性,指针对企业部分环节、部分范围内进行适当调整的原则,具有一定的限制性,只能够调整企业在一定范围内的要素;整体弹性,指对企业各层次的调整;积极弹性,指根据管理者与企业发展的需要,保持适当的可调节性。消极弹性,指超过了管理的需要,宽打窄用,或压低任务、指标。其出发点也是"留一手",但它助长了官僚主义、形式主义等不正之风,因此在管理中要防止和克服消极弹性。

(四)企业管理的效益原理

效益原理,指重点强调提升企业的效益,在生产过程中,要求提升生产效率,降低生产成本,从效率与成本两方面入手,以使企业求得更加长远的发展。同时,过度追求经济效益时,有可能会忽视其他方面,如造成资源浪费、生态破坏等,所以,企业也应当从大局出发,既要注重效益优先,也要把可持续长远发展落到实处,避免损害社会效益。

(五)企业管理的激励原理

激励原理,指运用激励的方法,发掘和提升员工的内在潜力,提升员工工作的积极性,帮助他们"尽其所长"。激励的方式具有多样性,较为常见的有语言激励、目标激励、物质激励、反向激励等。在企业管理中,最为适用的属于目标激励与物质激励。对员工而言,"自己能够收获多少工资""自己能够进入什么岗位",才是他们最关心的问题,适当运用激励方式,有助于员工为了完成企业的目标而自觉地、自发地努力工作。

(六)企业管理的动态原理

万事万物处于不停变化之中,世界的经济发展趋势同样如此,曾经适用于企业发展的方针战略,在几年之后甚至几个月之后,可能已经不再适用。为了企业能够时刻保持发展与进步,领导者必须根据实际情况,从实际出发,结合公司的发展目标,对企业进行全面评估,不断更新管理理念,创新管理方式,促进企业长久发展。所以,企业的发展路线并非一成不变,一定要随着社会的动态发展而进行动态调整,如果因循守旧,也就失去了高质量发展的机会。

(七)企业管理的创新原理

企业创新,一般包括产品创新、技术创新、市场创新、组织创新和管理方法创新等。不同的创新方向有着不同的管理方案,领导者要根据不同的创新目标,制定不同的创新方案,与时俱进,把握时代脉搏,不断开发新产品,不断拓展新市场,以谋求更好的发展。

(八)企业管理的可持续发展原理

可持续发展提出于20世纪中叶,是关于人类在地球发展的理论体系。如今,可持续发展经过演变,对企业管理有着一定的指导意义。对企业而言,也应当遵循可持续发展理论,企业的成功并非一蹴而就,而是一个不断积累,不断提高的过程,该过程较为漫长,需要管理者有着更加长远的目光和规划,要站在历史的高度,全面布局,要考虑当下的利益,更要看到未来的发展空间。

第三节 企业管理思想的演进

一、古代管理思想的萌芽

虽然在古代社会尚未出现企业，但是古时候已经存在与经济相关的、未成体系化的经济组织，且已初步形成管理思想，这些思想成为后世的宝贵精神财富。

（一）国外古代管理思想

谈及古代的文化系统，属于四大文明古国的古埃及、古巴比伦永远是无法绕开的话题。在大约 5 000 年前，古埃及社会已经发展到了较为先进的水平，最为世人所熟知的便是古埃及的金字塔。古埃及的金字塔有大有小，据考古学者研究，大金字塔占地面积约 5 万平方米，由 230 万块巨大的方形石头搭建而成，如此高超的建筑技艺令世人称奇。除了建筑水平之外，古埃及人的思想精华也是人类的宝贵文明，最典型的是管理思想。

古埃及有着严密的社会阶层，不同的阶层有着不同的组织，而不同的组织也有着不同的分工。法老作为古埃及的国王，享有至高无上的地位，下设各种官职，如法官、宰相、分部大臣等，他们分别管理不同的事务，包括经济事务、社会事务、司法事务等。考古学者发现，在法老的陪葬品中，奴仆雕像的数量表现为"每一个监督者大约管理十名奴仆"，后世希伯来人在《圣经》中提出"以十为限"的管理思想便是源自此处。另外，古埃及军事领域的管理制度也十分严格，分设有大量的军士长，他们分管各个部队，有着明确的规范与要求，不过当年的许多制度现已不复存在。

两河流域的古巴比伦也有着关于管理的思想，古巴比伦文明留下了诸多宝贵的文字记载,最为重要的则是《汉谟拉比法典》,该法典是世界上第一部比较完备的成文法典,其中所运用的文字为楔形文字,内容十分丰富。法典包括序言、正文、结语,深刻体现当时古巴比伦社会的管理思想与管理制度。例如,法典规定巴比伦人分为三级,由不同的领导进行监管,分别为有公民权的自由民、无公民权的自由民,以及奴隶等。

此外,公元前8世纪的古罗马王政时期,智慧的古罗马人已经在管理方面有了卓越建树。这时的古罗马有着严格的阶层划分,统治阶层有王、元老院、库利亚会议,不同的职位有着不同的权利。

总之,在几千年前,古埃及、古巴比伦,以及遥远的大洋彼岸早已出现了较多管理思想与管理制度,成为我们宝贵的历史财富与精神财富。

(二)中国古代管理思想

中国传统文化的起源应当追溯至"三代时期",而传统文化"爆发"于先秦时期,这时我国出现了"百家争鸣"的盛况,各种思潮争相出现,最具代表性的著作当属《周礼》《论语》《孟子》《荀子》《老子》《庄子》《墨子》《荀子》《孙子兵法》等,其中,尤以《孙子兵法》与《孟子》所涉及管理方面的思想为甚。

《孙子兵法》,相传为我国春秋时期著名军事家孙武所撰,其中少量的内容存在后世学者杜撰痕迹,但主体思想出自孙武。《孙子兵法》虽然字数不多,仅有寥寥六千字,但是其中包含的思想却成为后人取之不尽,用之不竭的宝贵思想财富。《孙子兵法》包含十三篇,以朴素唯物辩证法的视角揭示了战争的客观规律,包括战争相关的一系列内容。在孙武看来,作战最为重要的要素为"五事",分别为"道""天""地""将""法",前三者为普遍存在的客观规律,是人无法改变的;而"将"与"法",则是充分发挥主观能动性后能够改变的,这涉及将领的管理策略、管理制度等方面,如赏罚并重等,这便是我国早期较为全面的管理思想。

《孟子》,相传为战国时期儒家代表人物孟子及其弟子所著,其中包含大量统治者治国理政相关的思想言论。例如,《孟子·公孙丑上》有云:"尊贤使能,俊杰在位,则天下之士皆悦而愿立于其朝矣。"这句话是说,统治者在管理国家时,如果能给贤能之人提供更加广阔的发展空间,能让有才能的人发挥所长，就能够吸引更多的有识之士入朝做官。《孟子·公孙丑下》有云："得道者多助，失道者寡助。"这句话是说，统治者在管理国家时如果能够多下达符合道义的命令，多做利于人民的事，就会得到百姓的爱戴。可见，2 000多年前我国企业已出现国君治国理政的思想体系。

综上所述，古代社会已经出现与管理相关的思想体系，但是因为那时并未出现现代意义上的企业，所以没有企业管理思想。在古老的管理思想中，许多内容成为近代企业管理的思想借鉴与理论来源，在一定程度上促进了企业管理思想的发展。

二、近代管理思想的发展

近代社会尤其是18世纪之后，在工业革命的影响下，企业开始出现在人们的视野中。针对时下的社会现状，涌现出一批着重研究政治经济发展的学者，他们对经济领域与劳动分工有着独到的见解。

（一）系统管理思想

英国著名政治经济学家亚当·斯密的《国富论》对企业管理有着大量的论述。亚当·斯密在书中阐述了劳动专业化分工的意义，并提出了几个重要观点，如劳动专业化分工可以简化劳动，提高劳动生产效率；劳动分工有助于机械改造等。

19世纪英国著名的企业家罗伯特·欧文也发现了企业管理的重要性，他认为，人力资源是企业管理活动中最关键的部分，任何企业想要获得长久的发展，都必须在人力资源方面进行投资。他指出，要重视工厂管理中人的因素，要意识到在企业管理中关心人是非常重要的，主张关心人的工作条件和福利状况。他认为，重视人的因素，尊重人的地位，可以使工厂获得更多的利润，花在改善工人待遇和劳动条件上的投资会加倍地得到补偿❶。

（二）科学管理思想

19世纪向20世纪过渡阶段，世界发生了重大变革，第二次工业革命

---

❶ 汤石章：《管理基础》，第二版，上海，上海人民出版社，2015：10。

与第一次世界大战改变了世界的格局，改变了各国的力量对比。随着生产力的进一步发展，资本主义已经从积累、竞争走到了垄断时期，在这样的社会背景之下，科学管理思想开始形成。

研究科学管理思想，最为重要的学者当属"科学管理之父"泰勒，他开创了科学管理的"新时代"。泰勒出生于一个律师家庭，幼时的泰勒耳濡目染，了解了一些与法律相关的知识，18岁那年进入一家工厂工作，由于工作勤奋，泰勒被多次提拔，成为该工厂的总经理。但是，打工并非泰勒的追求，他在工作之余研究经济学与管理学，经常深入分析工人的劳动模式，创新工作方式并进行检验，经过长期研究与摸索，终于在1911年出版了举世闻名的《科学管理原理》。《科学管理原理》是近代企业与管理相关最为重要的著作之一，其主要思想为：①严格审查并考核上岗员工的能力与水平，符合企业要求的可以录用，如果能力不足，则不予录用；②强调提升工作效率，激发工人工作的积极性；③强调员工之间的协同协作，交流经验，密切配合，共同进步；④强化责任机制，每一个员工都应当对自己的工作负责，如果自己的工作环节出了问题，需要受到相应处罚。可见，泰勒的管理思想涉及企业经营的各个领域，无论是员工的入职，还是生产过程，或者是工作完成之后的责任审查，都是泰勒所研究的范围。我们一般称泰勒的企业管理思想为科学管理思想，主要是因为其思想较为全面，所以，泰勒的管理思想在一定意义上可以被称作"全面管理思想"。

亨利·法约尔也是这一时期管理思想的代表性人物。法约尔年轻时受泰勒思想影响颇深，长期从事企业相关的工作之后，他逐渐有了自己的思想体系，他认为，"管理理论是指有关管理的、得到普遍承认的理论，是经过经验检验并得到论证的一套有关原则、标准、方法、程序等内容的完整体系；有关管理的理论和方法不仅适用于企业，也适用于军政机关和社会团体"❶。法约尔关于企业最为重要的思想是其对经营与管理的界定，他认为，企业经营与企业管理是两个不同的概念，而许多学者却误认为二者相同，事实上，管理是经营所包括的一个子范畴。针对企业管理，法约尔提出了十四条原则，涉及企业的分工、纪律、权责、秩序等多方面，推动了近代企业管理理论的完善与发展。

---

❶ 汤石章：《管理基础》，第二版，上海，上海人民出版社，2015：11。

第三章 企业管理创新理论概述

第一节 企业管理创新的相关概念

一、企业管理创新的基本内涵

企业管理创新是以提升企业效益为目标,以全新的管理方法为途径,对企业管理所进行的一系列创新活动。其实践手段主要来自管理创新,所以先要对管理创新进行分析。

目前,我国学界对管理创新有着丰富的研究,赵丽芬认为,"管理创新是指富有创造力的组织不断地将创造性思想转化为有用的结果——产品、服务或工作方法的过程,也是指其将新的管理方法、新的管理手段、新的管理模式等新的管理要素或要素组合引入组织管理系统,以便更有效地实现组织目标的创新活动"[1]。赵丽芬对管理创新的解读比较全面,涉及管理创新的基本目标、方式方法、预期成果等因素,这一观点为多数学者所认可。笔者认为,这一解读深刻且全面解释了管理创新的相关内容,具有较高的理论价值。

管理创新的关键要素在于管理与创新,想要实现管理创新,企业的管

---

[1] 赵丽芬:《管理学理论与实务》,上海,立信会计出版社,2016:279。

理者要具备两方面的能力，分别为管理能力与创新能力，既要能够以科学的管理方法管理企业，又要能够在管理过程中不断发现问题、解决问题，促进企业战略转型，以谋求最佳发展路线。

具体来讲，管理创新包含以下几方面的要点：

（1）管理创新是对管理者的更高要求，管理者要有准确的判断，清晰的头脑，全面的统筹，创新的思维，管理者应当以更深层的视角探寻企业创新发展的方法。

（2）管理创新是理论与实践的结合，企业的管理、生产、发展是一项长久的实践活动。例如，在工厂中，员工需要不断操作，监管人员需要巡视，管理人员需要制定发展方案。另外，创新是创新意识与创新能力的结合，缺乏创新意识无法实现真正意义上的创新，实践需要理论的指导，企业的管理创新也需要科学化的创新理论作指导。

二、企业管理创新的基本原则

企业管理创新需要经过时间的考验，在检验管理创新成效之前，管理者也无法知晓企业所进行的相应改革是否能够取得明显的效果，是否能够实现提升企业的生产效率等目标。但是，企业管理创新如果在遵循基本原则的前提下进行，其发展路线则不易出现明显的偏差，即使尚未经过实践检验，符合基本原则的管理创新策略也能够保持企业的基本优势，保持其发展路线基本正确。

（一）符合国家与市场的规律

（1）企业管理创新要符合国家的政策要求，并以我国的基本国情作为重要参考。各项创新措施要严格遵守国家和有关部门相关政策方针的要求，不可有任何违规行为，不可为了短期的经济效益而触犯法律的底线。要从我国的国情出发，以便找到最合适的创新方向。

（2）企业进行管理创新之前，先要认清市场，分析市场是否有助于创新措施的实行，是否有大量的受众群体，同时要思考，管理创新是否会影响市场的正常运行，是否会扰乱市场的正常秩序。要以不影响市场正常运转为前提，按照市场需求进行一系列生产与创新活动。

（二）符合企业发展的客观规律

任何事物都处于不断发展变化之中。按照生命周期理论，企业的发展主要包括四个周期，依次为发展、成长、成熟、衰退。对绝大多数的企业来讲，它们多存在于发展期与成长期，而每一时期都需要经历较长的阶段，企业管理创新要符合企业发展的客观规律。例如，管理创新的方案要科学化、合理化，避免发展速度过快而导致企业危机；管理创新的方案要从实际出发，针对企业当下的状况制定创新方案等。

（三）擅长运用创新思维方式

1.管理者需要具备反向思维

反向思维最大的特点是与一般人群思考问题的方向不同。例如，思考常人所不想，思考企业所不思，一般人可能认为司空见惯、不以为然的问题，运用反向思维或许能够发现新的商机。

2.管理者需要具备发散思维

发散思维也被称为辐射思维，是一种有助于管理者开阔视野、获得灵感的思维方式。管理者要以发散思维方式，统筹全局，全面分析企业未来可能涉及的领域，以及在各领域的发展前景，以此制定目标和创新管理方案。

3.管理者需要具备换位思维

换位思维是一种设身处地为他人着想的思维方式，当管理者能够有效运用换位思维时，便能够以消费者的立场来认知和分析自己的企业，以此找到企业管理创新的欠缺，从而找到切实有效的应对策略。

4.管理者需要具备系统思维

系统思维是一种以全面、联系的眼光分析问题、解决问题的思维方式。管理者运用系统思维，有助于他们更加全面地分析与企业相关的各种情况，无论是横向（自身企业与其他企业、消费者）来看，还是纵向（企业时间上的安排与规划）来看，管理者都能够"成竹在胸"，能够全方位统筹企业管理，并进行创新。

除以上几种创新思维方式外，管理者还应当学习其他创新思维方式，并学以致用，以促进企业管理创新发展。

三、企业管理创新的基本阶段

企业管理创新是一个创新和创造的过程，需要管理者的经验、天赋、能力，同时更是对企业综合实力的考评，无论企业当下的发展具有多大的优势，也无法在短时间内实现跨阶段的突破，也需要经历企业发展创新过程中的几个阶段，如表3-1所示。

表3-1　企业管理创新的基本过程

基本阶段	具体内容
产生创新愿景	萌生创新的想法，有着强烈的创新意愿，希望将内心的构思转变为现实，以促进企业不断发展
进行创新定位	基于自身企业的基本情况，针对行业发展现状与趋向，寻找适合进行创新的"点"
形成创新方案	企业管理创新基本构思与方案的初步形成，此时的方案还有待打磨与检验
实施创新方案	企业管理创新方案的实施过程，这一过程也是对方案的检验，在实行过程中不断修正，并走向完善
创新评价与总结	针对企业管理创新方案的结果进行评价，如果符合预期，那么可以继续实行，如果存在明显的不足，则要进行进一步商讨

（一）第一阶段——产生创新愿景

创新愿景，即企业管理者关于企业创新的意愿，产生创新愿景主要与外界的刺激，以及管理者的自发性意识有关。例如，其他企业有了明显的创新行为，并且取得了相应的成绩，获取了高额的经济效益，便对管理者产生激励作用；有关部门出台了相应的政策，鼓励和支持企业进行创新转型，这也会在一定程度上刺激管理者产生创新愿景。不过，最为根本的因素还是管理者的自发性意识，如果自身能真正意识到管理创新的重要性，自然就会有危机意识，并产生创新的内驱力。

（二）第二阶段——进行创新定位

进行创新定位，即企业管理者在产生充分的创新愿景基础上，经过全面深入地调研之后,对企业所进行的定位与分析。主要包括分析企业的基本情况、发展潜力、社会环境、竞争因素、员工能力、受众需求等多方面。在完成创新定位之后,还需要根据条件,确定其创新的基本原则。

(三)第三阶段——形成创新方案

该阶段,企业的管理者与决策者需要做大量的工作,运用多种新方法和手段提出具体的解决问题的创新构想,并在创新条件、创新原则、创新目标等的约束下,对各种创新思路进行比较、筛选、综合及可行性评价,以形成一个具体的、切实可行的创新方案。

(四)第四阶段——实施创新方案

这是创新行动的实质性阶段。组织者在一定的创新目标导向下,实施创新方案。创新方案实施往往涉及多方面,要保证创新活动的成功需要周密计划、严密控制。创新受到机会和竞争因素的影响,因而创新方案一旦确定,必须迅速实施。

(五)第五阶段——创新评价与总结

经过管理创新方案的实施,在管理领域会出现新的范式,随着这种模式的日益稳定,管理创新的效果也日益显现,这时应评价和总结这一创新成果。这个过程还可以进一步比较、发现与外界的差距,形成新的创新思维,促成更深层次的创新。

四、企业管理创新的主要意义

企业管理创新具有重要的意义与价值,一方面,有助于企业的良好发展,能够有效促进企业克服当下困难,实现更高层次的目标;另一方面,社会中存在大量的企业,各企业如果都能够实现管理创新,必然会带动社会形成良好的创新氛围,为我国建设社会主义事业助力。

(一)企业管理创新对企业的意义

1. 企业管理创新有助于提高企业的经济效益

进行管理创新,能够让管理者更加深入地了解企业的经营状况,了解企业的优势与劣势；能够让员工感受到管理者对企业的重视；能够让消费者感受到企业认真负责的态度。创新的理念与创新的举措，能够明显改善企业之前存在的不足，革新企业固有的生产模式，改变企业原有的管理制度，以上一系列的管理创新，有助于企业更高效地完成产品的研究、生产、营销活动，自然而然地使企业的经济效益得到显著提升。

2.企业管理创新有助于降低企业的生产成本

企业管理创新包含管理制度创新与生产过程创新等环节，生产过程创新能够有效地解决之前存在于生产环节上的问题，如创新生产原料、创新生产方式，选取成本更加低廉、同时能够满足生产需求的原料等。这些创新举措能够有效降低企业的生产成本。

3.企业管理创新有助于促进企业的稳定发展

时代不断变革，科技不断更新，各企业应当具有长远的目光与远见的决策，与时俱进，推陈出新，跟随产业发展潮流进行创新。"以不变应万变"或许在某些领域适用，但是在企业的发展过程中，要时刻以敏锐的观察力，捕捉时代的"信号"，认清创新与发展之间的关系。只有勇于创新、善于创新，才能使企业消除曾经遗留的各种问题，降低产品出现问题的概率，提升受众对产品的满意度，获得产业结构调整和转型的机会，从而促进企业的稳定发展。

4.企业管理创新有助于提升企业的竞争能力

企业管理创新，能够在企业相关的各领域实现一定的突破，涉及企业内部生产与外部营销的全过程，创新活动若能顺利开展，在市场营销方面能够帮助企业有力地拓展市场、展开竞争。

(二)企业管理创新对社会的意义

1.企业管理创新有助于增加社会中的企业家数量

究其根本来讲，企业管理创新能够明显改善企业的经营状况，提升企业的整体效益，企业越做越大，其管理者、领导者必然会从中汲取更多的成功经验。久而久之，这批管理者将会形成更加丰富的管理思想体系与管理模式，逐渐进入企业家的阶层，他们不仅社会地位有了明显的提升，而且格局与眼界也明显拓宽,成为企业领域的"中流砥柱"。

2.企业管理创新有助于促使社会中的创新氛围更加浓郁

社会中各企业注重管理创新,实行有效的创新策略,对企业进行大力整改,全面更新企业固有的、僵化的、老旧的管理观念,改变落伍的、过时的、低效的生产模式,企业会形成适应其自身发展的一套全新的管理系统。久而久之,这些企业也会带动其他企业,共同进行管理创新,社会上会形成重视创新、提倡创新、共同创新的良好氛围。

3.企业管理创新有助于社会生产方式转型升级

当越来越多的企业管理创新时,企业群体的生产模式将会出现比较明显的升级。随着各企业生产模式的变化,社会整体的生产方式也会受其影响,并发生相应的转型升级。

第二节　企业管理创新的提升路径

一、管理者应当努力充实企业管理知识

单纯就大众认知的知识体系而言,其具有多种不同的门类,如通识知识、专业知识、技术知识、理论知识等,作为企业的管理阶层,最需要掌握的不是所谓的理论知识或通识知识,而是与企业紧密相关的管理知识。

管理者主要的任务与一线员工的工作任务完全不同,一线员工的任务是执行命令,按规操作;而管理者是公司发展规划的设计者,是生产命令的下达者,是企业的"指挥中心"。所以,企业管理创新要求管理者要具备充分的企业管理知识,并且能够高效运用这些知识,将这些知识转化为现实的、促进企业发展的"助推剂"。

企业管理知识,包括与经济和管理相关的基础知识、经济政策、战略管理等多重内容。而最为重要的,则是立足企业现实进行准确分析,明确

企业发展目标，制定企业发展战略，并将该战略以最为恰当的方式对员工进行部署的能力。作为管理者，必须不断充实企业管理知识，扎实的企业管理知识，是进行管理创新的理论前提。

（一）管理者要树立不断学习的意识

古人云："活到老，学到老。"这一俗语从未过时，是指引我们生活与实践的至理名言。按照马克思主义的辩证观点，世界永远处于不停地变动之中，任何事物都是绝对运动与相对静止的统一体。所以，管理者必须要树立持续学习的意识，保持永远学习的态度，要随着事物的变化和时代的更替，不断扩充自己的知识体系，更新管理知识，创新管理方案，以促进企业紧跟时代发展的步伐。

（二）管理者要时常参加学术研讨会

业界前辈与专家总是能够率先掌握时代的热点问题，并找到解决新问题的创新点，提出具有创见性的新思路。而专家学者也经常会在各网站、公众号平台发布学术研讨会的相关信息，作为企业管理者，要精准掌握专家学者开展学术会议、行业会议的情况，并尽量亲自参加。

管理者时常参加企业相关领域的学术会议，能够更加全面地了解行业发展的基本情况与未来趋势，并结合实际情况找到行业当下面临的紧要问题，做出应对预案，从而制定出最符合企业稳健发展的管理方案。同时，结合专家学者所做出的关于行业发展的各种前瞻性的假设与判断，企业管理者也可以继续进行深入分析与研究，多次参会与研究的过程，也是管理者不断充实企业管理知识和提升企业管理能力的过程。

（三）管理者要与其他从业者广泛交流

在某种意义上，一个行业就好比一个微缩的社会，各行各业都存在着大量人才，有些人具有丰富的创新意识，有些人具备杰出的领导才能，还有些人能够为行业的发展做出准确的判断和规划，总之，在任何行业、任何领域都可谓是"卧虎藏龙"。身为企业管理者，要有善于识人、善于交流的能力，要抽出时间，与业内人士进行专业领域的交流，互相沟通，聊一聊彼此对企业发展的规划，以及企业管理方面的想法。通过广泛的交流，管理者能够从中找到适合自身企业发展的观点,从而为企业管理的创新提供新的"思想火花"。

二、企业应当兼顾生产活动与市场营销

20世纪末期,对各企业而言,最为重要的任务与目标莫过于提高产量,在达到量的要求的基础上,尽可能地加强产品开发,使产品的各项综合指标"更上一层楼"。

当代社会,企业以生产为主要内容的经营方式已经不再符合时代的发展,企业开始为自身发展承担更多的社会责任。如今,企业除了要保证基本的生产活动之外,还要频繁地、广泛地、深入地进行各种调研与评估,以更多地为顾客、职员做好服务。要强调市场营销的重要作用,企业必须要为适合不同的顾客群的不断变化的精神需求与物质需求做出更多努力。

纵观历史,工业经济时代,企业的重点在于物质生产,工厂无须考虑受众的喜爱,所有市民的需求基本上都是一致的。如今在知识经济时代,人们基本的物质需求都能够得到满足,重点在于,人们有了不同的喜好,为了迎合大众的喜好,企业要进行大量的市场调查,调查群众最为感兴趣的内容,并对其做出研究,进行精准化的生产。另外,当代社会企业数量愈发增多,企业间的竞争更是日益加剧,各企业的生产水平相差无几,如果企业想要获得更多的销售量,提高销售额度,获得更加广阔的上升空间,就只能走营销这一条路径。要分析消费者的消费心理,针对他们的消费习惯安排活动;要找准受众群体,运用大数据技术,对其进行精准推送等。

(一)企业要深入分析消费者的消费心理

不同消费者的消费心理往往存在着明显的差异,企业应当对其进行深入分析,找到最能够刺激消费者产生购买欲望的关键,并在该领域"下功夫",以"攻占市场",吸引消费者前来消费。消费者心理一般受到多种因素的影响与制约,包括商品本身的产品力,商品的宣传力度,以及其他外部因素等。根据学者的研究,社会上主要存在以下几种消费心理,分别为习惯型、理智型、选择型、冲动型、想象型等多种类型。企业要对其进行深入分析,以迎合消费者,从而有效提升产品的销量。例如,国内多数消

费者的购买活动受到面子心理与从众心理的影响,有些人在面子心理的驱动下,消费会超过甚至大大超过自己的购买或者支付能力。营销人员可以利用消费者的这种面子心理,找到市场、获取溢价、达成销售。

(二)企业要助力产品形成品牌效应

形成品牌效应,就是运用营销手段来塑造品牌形象。品牌打造得好,就是品牌形象塑造得出色。品牌形象的打造遵循"一个模式,三条途径",一个模式就是指"整合品牌营销"模式,三条途径是指导入"品牌形象识别系统""品牌推广运营系统""品牌管理控制系统"。只要按照这个模式运行,品牌形象就一定能够树立起来。

品牌形象不是孤立存在的,是由许多营销中的其他形象建立起来的,所以先要更好地建立这些形象:其一,建立品质形象。品质形象是品牌形象的基础,要建立"良好品质"的印象,要先从能够"看上去就好"的地方着手;其二,建立价格形象。在产品缺乏"看上去就好"时,订高价会有损品牌形象,消费者会问"凭什么"。但当产品的品质形象建立时,订低价也会有损品牌形象,消费者会问"为什么"。所以,品质形象是价格形象的基础,价格形象要与品质形象相符合;其三,建立广告形象。广告是宣传产品应用最广泛的手段,建立广告形象需要"两大一高",即"大媒体、大投入、高水平"。媒体大、形象就大;投入大,形象就强;水平高,形象就好。总之,品牌效应是打好市场营销这场"战役"的关键因素之一,只有树立起消费者信赖的品牌,才能吸引更多的人前来购买。

三、企业应当优化人力资源开发与管理

21世纪是知识经济与人才经济的时代,在这一时代下,由于各企业生产资料与生产机械的掌握程度较为相似,所以在"硬件设施"上,无法拉开较大的差距。而决定企业是否具有竞争力,是否能够实现管理创新的关键在于人力资源开发与管理活动。换言之,人才成为企业最为重要的竞争要素,要把人才的培养与教育作为一个重点环节。企业必须要不断优化人力资源配置,做好开发与管理工作。

据统计,我国多数集团人员流动率在进入21世纪之后一直呈上升趋

势，许多传统行业的人员流失率也有所提升，为此，培养利于企业发展的人才，留住忠于企业的人才，成为构建企业人才战略的重要组成部分，对企业长足发展起到决定性作用。

（一）推行"终身教育"，提升员工工作能力

员工是生产活动的践行者与主力军，一线员工的工作能力在很大程度上决定了产品品质的高低。如果员工有着敬业精神与较强的工作能力，产品质量也将提升一个档次；如果员工工作能力较差，那么即使操作设备再先进，也总会出现各种各样的问题。所以，提升员工的工作能力尤为关键。

要为员工灌输长期学习的观念，许多人认为从学校毕业后就无须学习，而事实上，随着时代的变化，许多曾经的经验与知识也会面临淘汰。员工要有与时俱进的观念和意识，保持虚心的态度，虚怀若谷，坚持学习，不断提升工作能力。

要为员工构建学习平台，在企业内部开设工作技能培训班，由企业内或行业内具有较高专业素养的人员担任讲师。授课内容以工匠精神、劳模精神，以及工作内容为主，着力提升员工的工作热情与工作能力。

要为员工打造竞技平台，在企业内开展专业技能竞赛，任何员工都可以参加，竞赛内容以专业技能知识与实际操作为主。通过这一形式，将有效提升员工学习的积极性与工作能力。

（二）调整岗位结构，合理安排生产

企业中岗位众多，员工众多，不同的岗位工作内容不同，而不同的员工各有其优势与劣势，其适合的岗位也不尽相同。为了达到企业生产效率最大化，获得更高的经济收益，降低生产成本，企业应当对员工与岗位进行科学地调整。

要按照精干、高效的原则，把身强力壮的人员充实到生产一线岗位，优化人力资源配置，使生产一线的职工队伍始终保持精兵强将的态势，以保证生产一线人员能有旺盛的精力去完成各项生产任务。

要培训后备力量，培训岗位补充人员。企业发展走势良好，必定会在一段时期之内面临扩张，无论是市场领域的扩张还是生产规模的扩大，都需要大量的后备人才。要未雨绸缪，提前培养具有工作潜力的人才。

（三）保证"三公"，调动员工的积极性

企业一定要把"公平""公正""公开"作为人力资源管理的重要原则，无论何时何地都不应触犯这一底线。具有原则与底线的企业才能赢得员工的信任，员工对企业才能更加忠诚。

要公开、公平、公正地让每个员工凭自己的能力竞争上岗。对上岗人员要实行动态管理，即将上岗人员划分为优秀、合格、临时三种上岗身份，并实施绩效考核，根据每个上岗人员的实际工作业绩，定期实行三种身份相互转换制度。让每个上岗人员既有动力，又有压力。

要另外组建规范审查小组，以保证能力竞争上岗制的公平有效实施，如果内部管理人员出现管理问题，审查小组必须要"秉公执法"。员工看到企业追求公平公正的决心，他们也会以更加饱满的热情去对待工作，保质保量完成管理者下达的一切任务。

（四）面向市场，大量吸纳优秀人才

以上三点均是针对企业内部的人力资源管理方案，此外，企业对外也应当制定相应的措施，最重要的就是要大量吸纳优秀人才。人才是企业发展创新的核心，人力资源的重要性始终不亚于财力资源，企业管理者必须深刻认识到这一点，并且应当为了吸引优秀人才而制定详细的方案。

要加大企业的对外宣传力度，提升企业的社会知名度，增强社会影响力与号召力。企业不断壮大，综合实力不断提高，这时即使不去开展招聘工作，如果能够做好宣传，让更多的人看到企业自身的优势，也有可能实现"筑巢引凤"的效果，越来越多的优秀人才会愿意"栖息"于此，一些有技术懂管理的人才会慕名加入。当然，这也是最为理想的一种方案，所以招聘活动仍然是必须的。要拓宽人才交流渠道，通过更宽领域接触外界人才，与之建立信息上的沟通和往来。例如，开展网络招聘，在各权威网站发布信息，进行简历筛选、网络面试等活动。又如，运用媒体广告招聘，可以通过杂志、电视台等刊登和播放招聘信息，该方式具有瞬时性与广泛性的特点，容易在较短的时间内收到较多的应聘资料，企业可以对大量的人才信息进行筛选。

要全盘考虑，除了要招聘相关领域的专业技术人才之外，还要吸纳非

本专业，但利于公司长远发展的优质人才。例如，管理人才、项目人才、投标公管人才等。这些人才可能与企业的主营方向并不相干，但是企业所需要的人才是多层次的、多样化的。另外，留住人才也是企业需要考虑的重要方面，如果人才流动过于频繁，企业仍将面临人才危机。

总之，人才已成为企业确立竞争优势，把握发展机遇的关键。需要什么样的人才是企业认识人才问题的基础，而如何获得这些人才是人才问题的焦点。只有在企业总体战略的指导下，以开放的人才观接纳人才，培养和留住人才，才能优化人力资源的开发与管理工作，从而有效带动企业的持续创新发展。

第三节　熊彼特创新理论

一、熊彼特创新理论的内涵

创新理论是熊彼特于20世纪所提出的重要理论体系，在经济领域引起轩然大波，有力促进了技术与经济相结合的创新发展。

熊彼特于1883年出生在今捷克境内的一个织布厂主家庭，幼年时期家境尚可，成绩较为优异。1901年至1906年，熊彼特进入维也纳大学，开始攻读法学与社会学。1912年，熊彼特的一部名为《经济发展理论：对于利润、资本、信贷、利息和经济周期的考察》的书籍出版，立即引起了西方学界的广泛关注；1942年，熊彼特的《资本主义、社会主义与民主》一书出版，该书集中体现了他在经济、哲学、政治等领域的主要思想。在熊彼特的诸多思想之中，最为重要的是他于20世纪初期所提出的创新理论，这一创新理论对我们当今的企业创新管理具有一定的借鉴意义。

（一）创新的企业生产函数

创新理论的基本内容主要体现在熊彼特的《经济发展理论》一书中，

他认为,创新就是建立一种"新的生产函数",即把一种从来没有过的关于生产要素和生产条件的"新组合"引入生产体系。在熊彼特看来,这种创新的引入过程,能够为生产赋予更多的动力。具体来讲,熊彼特的创新组合具有以下几种形式:引入一种新产品;采用一种新的生产方法;开辟新市场;获得原料或半成品的新供给来源;建立新的企业组织形式。

可见,熊彼特创新理论的重点在于建立新的生产模式,新模式的创新性体现在生产活动的各个领域,也包括生产之前的原料采集阶段,以及生产完成之后的市场销售阶段,总之就是对企业生产的一种全面创新。

熊彼特格外强调企业内部变化的重要性,他认为,企业自身(企业内部)所进行的创新,以及由创新所引发的"增长"是最为重要的。换句话说,熊彼特"实际上强调了企业本身发展的需要才是企业内部变革与创新的原动力。不仅如此,来源于企业内部的某一方面的变革,还会带动企业进一步的变革"❶。

(二)创新的企业家定义与要求

在熊彼特之前,绝大多数的学者对企业家的定义较为一致,他们普遍认为企业家为企业的领导者,企业的创建者,更是企业的管理者,他们在企业的一系列生产活动中起到重要的决策作用。

但是,熊彼特创新理论却对此有着不同的解释。熊彼特认为,企业家是创新活动真正的倡导者与实施者,在这里"创新"变得尤为突出,他认为企业家是实现"新组合"的人,其重点并不是每日例行管理,而是对企业的发展进行战略上的创新。可以看出,熊彼特眼中的企业家比其他学者眼中的企业家有着更加丰富的能力与素养,与其说是企业家,不如称其为"创新管理者",他们有着超越一般人群的专业能力、管理能力、创新能力,这意味着,成为真正的企业家有了更高的"门槛"。在这里,熊彼特基于创新的视角,对企业家做出了近乎苛刻的要求,也正因如此,才体现出熊彼特强调技术创新与持续创新的理论体系的特点。

---

❶ 梅德平:《武汉民营经济创新发展研究》,武汉,武汉出版社,2019:48。

（三）"创造性破坏"

熊彼特在经济学、哲学领域深入分析资本主义市场的运行规律，得出"创造性破坏"这一理论。所谓"创造性破坏"，就是资本主义社会不断发展的必然现象。纵观人类的社会发展史，每一次人类社会的飞跃，每一次新技术和新产业的产生，都是推陈出新的过程，有新产品的出现，就有旧产品的淘汰。在经济领域，受到优胜劣汰竞争规则的限制，大量盈利较低、难以维系的企业宣告破产，而随后又会有大量经过创新的企业不断产生。这种淘汰守旧落后的企业，而产生新技术、新产业的过程便是一个持续性的创新过程，也就是"创造性破坏"。

以上三点是熊彼特创新理论的主要内容，分别对创新、企业家、企业发展规律进行了科学、系统的分析，解释了创新的相关概念，并对我们今后的创新研究提供了大量理论借鉴。20世纪中后期许多学者的理论都是建立在熊彼特创新理论基础之上发展起来的。

二、熊彼特创新理论的发展

正如上文所述，熊彼特创新理论出现之后，对其所处时代的管理创新与技术创新思想，乃至后世的创新理论发展都产生重大影响，诸多学者也各自从不同的年代与背景，对创新理论进行了创新与丰富。

20世纪50年代之后，第二次世界大战让世人了解到，科学技术才是提升综合国力与竞争力的"法宝"，各国开始"主攻"科技领域，展开了以微电子技术为主导的全新革命，为了促进技术革新，许多学者开始挖掘熊彼特创新理论的理论精华。

20世纪60年代，一批学者以复兴熊彼特理论为己任，组建了新熊彼特学派，他们大量研究熊彼特的理论内容，并结合当下的时代特征，为其理论加入时代的火花。他们在坚持熊彼特的传统经济分析的同时，更加强调技术创新的重要作用，在一定程度上丰富和发展了熊彼特创新理论。

20世纪70年代，西方资本主义社会出现了一场令所有资本家都未曾预料的经济大衰退，引起了经济学界对经济长期增长相关的理论研究热潮。德国学者门施表示，重要的创新会进行分化，并产生长期稳定的增长，影响社会和政策对主导产业的支持及其行为方式；随着主导产业潜在的增长日渐式微，最终引起经济萧条，不过，新的创新会重新克服萧条。同一时期，荷兰学者范·杜对熊彼特创新理论进行了研究，将原本的创新理论进行了更加细致地划分，深入解释了社会经济发展的规律，以及企业的应对方式。

20世纪70年代至80年代，学术界关于熊彼特创新理论的研究愈发丰富，除了弗里曼所著的《工业创新经济学》之外，还有大量的著作对熊彼特创新理论进行了解读。90年代之后，学者们立足知识经济时代，从社会基本情况出发，为创新赋予了全新的内涵。这一时期的弗里曼、波特、伦德瓦尔等都对创新理论有着独特的见解。总之，熊彼特创新理论对经济学、管理学影响深远，对企业、社会发展的意义更是难以估计。当代学者研究企业管理创新与技术创新，也时常反观那一年代，力图在熊彼特的理论中，寻找有益于当代企业发展的"新方向"。

第四节 熊彼特创新理论的意义

由于各方面原因，熊彼特的创新理论仍然存在着一些局限性。尽管如此也不应抹杀该理论的光辉。熊彼特创新理论最先提出了创新的概念，揭示了创新是经济发展的推动力，该理论自诞生后影响颇深，至今仍具有重大的借鉴意义。

一、促进了后世西方经济学的发展

熊彼特所说的"创新"，涉及科学技术的重大发展和技术变革，但它并不是纯经济和技术的概念，而是具有广泛的含义。

它既包括技术变革、生产方法的变革，又具有经济制度形态的转变特征。熊彼特的创新理论突出了企业家的作用。

在他看来，没有企业家就没有创新。这些是熊彼特经济发展理论的特色。熊彼特的创新理论对西方经济学的许多流派产生了重大影响，有些被发展成为新的分支学科，如技术创新经济学、制度创新经济学等。

熊彼特把创新理论置于经济发展理论的核心地位，直接、明确地把创新活动作为经济增长的原动力。后来，他又根据前苏联经济学家尼古拉·康得拉季耶夫的长波理论，研究了创新在资本主义经济发展的长周期中所起的作用，勾画了技术创新经济学理论的大致框架。

熊彼特以创新理论为核心，研究了资本主义经济发展的实质、动力与机制，探讨了经济发展的模式和周期波动，预测了经济发展的长期趋势，提出了独特的经济发展理论体系。熊彼特的研究方法、理论和观点对后来的发展经济学产生了深远影响，因此可称为发展经济学的"早期先驱者"之一。熊彼特认为，"创新"是经济概念，与技术上的新发明有着不同的内涵。"发明"是新技术的发现，而"创新"则是将发明应用到经济活动中。企业家则在创新活动中起主导作用。

总之，熊彼特的创新理论强调生产技术的变革和生产方法的变革在经济发展中的核心作用，把这种"创新"和生产要素的"新组合"看作资本主义的最根本特征，并把创新赋予企业家来完成。于是，熊彼特将技术进步、企业家活动和社会发展联系在了一起。

二、揭示了企业家精神对企业发展的重要性

在熊彼特看来，创新活动之所以发生，是因为企业家的创新精神。企业家与只想赚钱的普通商人和投机者不同，个人致富只是他的部分动机，而最突出的动机是"个人实现"，即"企业家精神"。

熊彼特认为这种"企业家精神"包括对胜利的热情、创造的喜悦、坚强的意志等。这种精神是成就优秀企业家的动力源泉，也是实现经济发展中创造性突破的智力基础。企业家已经成为市场经济中最稀缺的资源，是社会的宝贵财富，企业家的数量是衡量一个国家、一个地区经济发展程度的重要指标。

因此，许多发达国家和跨国公司都不惜代价、不择手段地网罗创新型人才，而我国选拔人才的机制还有待进一步完善，今后应对这些问题从根本上加以解决，努力造就一支优秀的企业家队伍，在多变的市场竞争中培养独特的创新精神，培育更多实力雄厚、具有创新引领能力的企业。

第四章 企业经营战略管理

第一节 企业经营战略的相关概念

一、企业经营战略的定义

"企业经营决策的重点就是要制定好经营战略。企业的经营计划和各项工作都将在经营战略的指导下进行。经营战略是为了实现企业目标所要遵循的行动总方针,它是企业经营思想的集中体现,是一系列战略决策的结果。"❶企业经营战略,简单来说就是企业所制订的发展规划,关乎企业的长远利益,是企业发展的"风向标"与"指明灯"。

基于企业经营战略的重要作用与意义,薛永斌认为,"企业经营战略是有关企业重大问题的决策,它决定企业的目标以及实现目标的基本措施"❷。也有学者认为,经营战略是企业面对激烈变化的社会挑战,为求得长远发展而进行的总体性谋划,是企业战略思想的体现,是企业经营范围的科学规定,同时是制定规划的基础。更具体地说,经营战略是在符合和

---

❶ 薛永斌:《企业领导学 框架·理论·方法·艺术》,北京,中国市场出版社,2016:122。
❷ 同上。

保证实现企业使命的前提下，在充分利用环境中存在的各种机会和创造新机会的基础上，确定企业同环境的关系，规定企业从事的事业范围、成长方向和竞争对策，合理地调整企业结构和分配企业的全部资源。此外，也有学者认为企业经营战略应当有广义与狭义之分，广义上的经营战略是运用战略管理工具对整个企业进行的管理，在经营战略的指导下进行，贯彻战略意图，实现战略目标；狭义上的经营战略是对企业经营战略的制定、实施和控制的过程所进行的管理。

综合上述学者的观点，笔者认为，企业经营战略是企业为了达成既定的目标，为了谋求更加长远的发展，从企业发展的实际出发，结合当下的市场情况，而制定的具有一定可行性，能够实现战略目标的经营管理计划。

二、企业经营战略的类别

根据不同的目的和依据，企业经营战略可以分为不同的类别，如图 4-1 所示。不同的经营战略，能够针对不同的情况，对企业起到相应的积极作用。

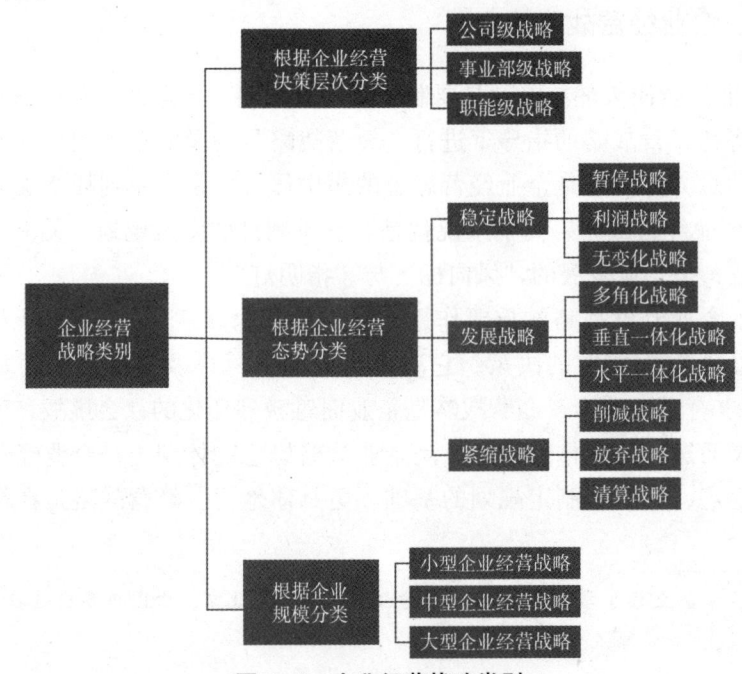

图 4-1 企业经营战略类别

（一）根据企业经营决策层次分类

根据企业经营决策层次的高低，企业经营战略可分为三个不同的层次：第一层次为公司级战略，是企业最高层领导所制定的统摄性、宏观性的大战略；第二层次为事业部级战略，是企业中层领导所制定的战略，这些战略先要遵循公司级战略的原则与要求，在此前提下进行制定，比公司级战略更为细化，所规定的内容较为细致；第三层次为职能级战略，职能级战略具有较强的针对性与实践性，往往与某一岗位相关。总的来看，第三层次要遵从第二层次与第一层次的领导并为其服务，第二层次要遵从第一层次的领导，第一层次则要具有较强的宏观性、发展性、主导性。

（二）根据企业经营态势分类

基于企业目前的发展状况和未来的发展态势，以及所处的市场环境而确定的企业总的行动方向，主要包括以下三种战略。

1. 稳定战略

稳定战略，指企业目前发展较为稳定，尚未发现其他商机。领导层要求基本保持目前的发展规模与企业规划，在企业产品的产量保持稳定的同时，进一步巩固和稳定市场地位。暂不考虑进行扩张，在全面谨慎考察市场环境，分析其他企业的发展趋势之后，再决定之后的发展方向。稳定战略又可细化为暂停战略、利润战略、无变化战略。

2. 发展战略

发展战略，指以发展为主要目标的经营战略，具有明显的"进攻性"。当企业既定的基本生产目标能够实现的前提下，具有较为强烈的发展意愿和发展需求，同时具有一定的额外资源与扩张手段，可以考虑实行发展战略。发展战略能够提高企业的竞争地位，有助于企业开辟新的市场，明显提升产品的销量。发展战略又可细化为多角化战略、垂直一体化战略、水平一体化战略。

3. 紧缩战略

紧缩战略（撤退战略），指企业为了避免损失或减少损失而实行的经营战略，具有明显的"防御性"。当企业内部出现问题，或者与市场大环境的需求出现了偏差，难以在日后的生产与销售过程中赚取足够的利润，甚至无法"覆盖"生产成本，那么这时显然运用紧缩战略是较为明智的选择，只有战略性撤退，才能避免更大的损失，以谋求之后的发展。紧缩战略又可细化为削减战略、放弃战略、清算战略。

（三）根据企业规模分类

根据企业的规模，可以将其经营战略分为小型企业经营战略、中型企业经营战略、大型企业经营战略。有学者认为，可以将小型企业与中型企业的经营战略合并到一起，笔者认为小型企业与中型企业在某些方面较为相似，但是其经营战略仍存在明显的不同。

1. 小型企业经营战略

小型企业经营战略，指针对小型企业的发展而制定的经营战略。在市场上，小型企业的数量最多，但是其所占市场份额较少，绝大多数的经济主导权掌握在为数不多的具有垄断性质的大型企业手上，所以小型企业的发展应当求稳，并在此基础上做到"小而专、小而精"，找到最适合自己的发展方向，要选择能发挥企业自身专业化优势而进行生产经营的战略，所以小型企业的经营战略也叫作"钻空隙战略"。

2. 中型企业经营战略

中型企业经营战略，指针对中型企业的发展而制定的经营战略。一般的中型企业已经具有一定的规模，在市场上地位较为稳定，发展较好的中型企业能够达到"进可攻、退可守"的程度。所以，其经营战略具有一定的选择性，可以根据市场的偏好，进行战略性调整。

3. 大型企业经营战略

大型企业经营战略，指针对大型企业的发展而制定的经营战略。大型企业已经在市场上"站稳脚跟"，其生产力、创造力已经达到较高的水平，能够通过大批量的产品加工与销售活动，赚取足够的利润。大型企业可以利用其充足的后备资金，以及较大的影响力，进行产品相关领域的进一步研发与创新。

三、企业经营战略的特点

企业经营战略,关乎企业未来的发展趋势,如果战略的制定与管理较为正确,那么将使其在众多企业中"脱颖而出",假如脱离实际,好高骛远,则很可能会产生消极的影响。只有经过企业内部情况与市场外部情况的多重分析之后,才能够制定最为正确的战略。具体来讲,企业经营战略包含以下几个特点。

(一)全局性

经营战略以企业的全局为对象,是一种总体性的影响整个企业生存和发展的策略。例如,开发新产品、组织横向经济联合等问题,关系到企业的兴衰,属于战略问题。局部要服从全局,如果某项战略只对某个局部有利,而不利于整个企业的发展,就不适宜采用。

(二)长远性

经营战略是为了谋求企业的长远发展,在科学预测的基础上,开拓未来的前景。它谋求长期的、稳定的发展,有时它的效果在短期内还显示不出来。例如,企业开发了某种新产品,或许前期会亏损,后期才开始创造利润。这种战略仍然可以采用。

(三)应变性

经营战略制定后不是一成不变的,它应根据企业外部环境和内部条件的变化,适时地加以调整,以适应变化后的情况。战略不但是一种长远性的谋略,而且是一种应对环境变化的对策。

第二节　企业经营战略的制定与管理

一、企业经营战略的制定

企业经营战略的制定包含以下几个步骤，体现了企业经营战略制定过程的阶段性与全面性。

（一）树立正确的战略思想

企业的战略思想，是指导企业经营战略整个发展过程的主旨，是整个经营战略的"灵魂"，只有树立正确的、科学的战略思想，才能制定较为正确的经营战略，带领企业不断进步，不断发展。

（1）企业管理者要进行全面系统性思维，对影响企业经营的多方面因素进行宏观性的考量，仔细分析企业内部因素与外部因素，并将内外因素相结合进行分析，预测可能出现的风险，找到影响企业生存与发展的主要矛盾。

（2）企业管理者要进行超前性思维，就是在现有基础上，思考和分析未来的情况，以及各种影响因素在未来的变化与趋势，以及这种趋势对企业经营造成的影响及其强度，这种预见性的思维方式，同样对企业经营十分重要。

（3）企业管理者要进行创造性思维，创造性思维有助于打破思维定式，有助于管理者开创新的发展局面，找到传统产业模式的突破点，从而实现"跨越"。

（二）明确企业的发展目标

在明确战略思想之后，要明确企业的发展目标。有了明确的目标，才能够引导企业朝着这一方向不断前进，才能有效加快企业的发展速度。

明确发展目标，包括分析企业的基本情况，调研市场的整体环境等。经过以上环节之后，能够使得企业的目标较为细致，并与社会实际相联系，具有较强的现实性。要杜绝"纸上谈兵"，商场如战场，应当做到"知己知彼"，脱离实际空谈理想，只会导致失败。总之，明确目标是经营战略的起步环节，是为之后的发展夯实基础的环节，管理者应当对此高度重视。

在制定目标时，要考虑多方面的内容，包括企业对社会的责任目标，企业自身的经济目标，企业的创新目标等。

1. 企业对社会的责任目标

企业的生存与发展离不开国家与社会在各个方面的支持，正因为国家的支持，企业才有了良好的社会环境，如果离开国家，企业将不复存在。所以，企业的战略目标必须要具有一定的社会性，要从大局考虑，对社会具有积极意义，帮助国家积累财富，创造价值。

2. 企业自身的经济目标

企业的发展离不开管理者与员工的共同努力，所以企业必须要盈利，必须要使企业的成员都能够从中获利。例如，企业利润不断增加，员工收入不断增加，福利种类日趋增多，总之经济目标是永远绕不开的话题，没有经济收益，企业将无法运转，更无法实现持续性创收。

3. 企业的创新目标

在科学技术迅猛发展的当代社会，创新早已成为重要的热点话题，人们的需求时常在变化，市场更是变化莫测，在这样剧烈变动的环境下，企业必须随之做出改变，适当创新，否则将赶不上时代大潮的脚步。企业致力实现技术进步、产品开发、提高职工队伍素质、扩大生产经营规模、提高生产效率和效益、实现管理现代化等多方面的目标。

（三）考察企业的实际情况

在确定目标之后，还要与企业的实际情况相结合，进行全面分析。如果企业原本所制定的发展目标与新制定的发展目标出现了明显的差异，或者目标在预期的时间之内难以达到，那么有必要对新目标进行重新审视。同时，还需要结合实际重新分析企业的基本情况，包括企业的生产情况、管理情况、营销情况等。

（四）判断市场的发展趋势

未来的市场发展趋势多元化，随着社会经济的发展和人民生活水平的日益提高，人民已经摆脱了过去旧的生活观念和方式。例如，越来越多的人开始追求精神生活，注重精神上的享受。所以，企业要多了解市场发展，市场是企业发展的外部环境，了解市场就能够了解人民当前生活中的需求，从而提供高质量对口产品和服务，以赢得消费者的青睐。对市场进行调查、判断、预测，有助于寻找发展机会，辨别潜在危机。在详细的分析中，企业能够明确自身与其他企业的差异，找到本企业的优势与劣势，从而扬长避短，制定更加切实的经营战略。

（五）分析企业的现有资源

资源，是企业进行产品开发、生产、创新的必备要素，是决定企业发展前景的关键。明确发展目标并了解市场趋势之后，需要深入分析企业自身所拥有的，能够利用的资源。资源如果较为充分，能够为企业的经营战略提供源源不断的供给，能够保障企业在发展中保持前进的势头，那么就可以进入下一步，即战略决策。但是如果企业的资源数量不够充裕，很可能只能维系企业短期内的生产制造，那么应当通过其他方式，开拓更加宽阔的渠道，以获得更多的生产资源，以满足企业经营战略的需求。

（六）制定企业的战略决策

战略决策的制定，受到多种因素的共同影响，包括上述企业实际情况、市场发展趋势、企业现有资源等。此外，战略决策的制定也受到企业领导者个人因素的影响。如果领导者具有较强的判断力、决策力，那么其战略决策与战略部署效率则明显提升；如果领导者在相关领域缺乏经验，很可能难以做出准确的判断。决策的制定尤为重要，所以领导者必须对此做好万全准备。

制定战略决策需要按照以下几点要求来进行。

1. 实践性

战略决策虽然是一项尚未实行的计划，但是必须要投入市场进行实践，所以一定要具有实践性，要切实可行。如果决策"假大空"，缺乏实际意义，只是一种战略构想，那么就无法带领企业走向成熟。

2. 特殊性

任何战略决策都有其特殊性，不同的决策适用于不同的企业，各企业的情况有所不同，所以要找到其特殊性，并进行分析，否则，就难以有效地保证战略任务的完成。

3. 配套性

影响和制约战略目标的因素是多方面的，因此所制定的战略决策不能是单一的或是互不联系的，而应当配套形成一个完整的战略决策体系，否则很难奏效。

4. 权变性

战略目标是确定的，但是实现战略目标的途径不是唯一的，而且由于企业的外部环境和内部条件是处于动态变化之中，因此，要求战略决策具有很强的权变性。这种权变性主要表现为：其一，可选择，即要有多套措施方案，以便根据实况从中选择最佳方案予以实施；其二，可替代，即要有备用的措施方案，一旦情况发生变化，原有决策失效时，要选择另一决策来代替它；其三，可补充，即当情况发生变化，原有决策不能完全奏效时，应及时补充新的决策措施。

5. 可行性

这是对战略决策最基本的要求。战略决策制定得再好，但无实施的条件，无法实施，那也只是纸上谈兵。因此，在制定战略决策时，必须充分考虑决策实施对人力、物力、财力资源的要求和保证程度，制定的战略决策应符合技术上的先进性、经济上的合理性以及政策上的合法性等。

二、企业经营战略的管理

企业经营战略决策基本制定完成之后，就要进入管理阶段，主要管理模式如图4-2所示。

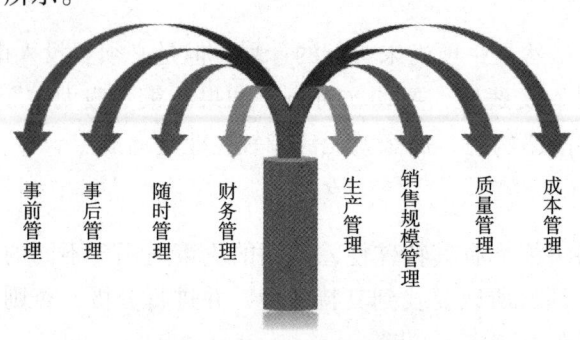

图4-2 主要管理模式

（一）事前管理

在实施战略之前，要制订好正确有效的战略计划，该计划要得到企业高层领导人的批准后才能执行，其中重大经营活动必须经过企业领导人的批准才能开始实施，经过批准的内容往往就成为考核经营活动绩效的管理标准，这种管理多用于重大问题，如任命重要的人员、重大合同的签订、购置大型设备等。

事前管理也称为事前控制，是指实施经营战略之前，高层管理者对行动的宏观控制，只有经过他们的批准，活动才能正常开展。这种管理模式的优点在于：可以防患于未然，能够以管理者敏锐的洞察力与独特的视角提前察觉战略中可能蕴藏的部分潜在危机；适用于绝大多数的工作，具有较强的普适性、普遍性；事前管理与分析不针对具体人员，不会造成心理冲突。缺点在于：具有较多前提条件，管理者需要针对该项行动提前进行全方位的考察，要全面了解情况，掌握大量信息之后，才能够做出判断。

（二）事后管理

这种管理方式发生在企业经营活动之后，在战略计划实施后，将实施结果与原计划标准相比较，由企业职能部门及各事业部门定期将战略实施结果向高层领导报告，由领导者决定是否要采取修正措施。

这种管理模式的优点在于：企业管理者待问题偏差发生之后，才采取控制措施、改正问题，也就是说对战略经营的结果已经了解，可以从结果上对战略进行更加深刻和全面的分析。缺点在于：分析较晚，无法提前做出预判，可能会伴随一定的经济损失。

（三）随时管理（过程管理）

随时管理又称过程管理。企业高层领导者若要管理企业战略实施中关键性的过程及全过程，就得随时采取管理措施，纠正实施中产生的偏差，引导企业沿着战略的方向进行经营，尤其要对关键性的战略措施进行随时管理。

这种管理模式的优点在于：能够在管理过程中随时随地进行管理，如果发现有哪一方面出现问题，管理者可结合自己的经验，对员工下达命令，及时止损；如果发现管理效果很好，那么可以适当激励员工，促进他们继续保持这种管理模式。缺点在于：长期观察和频繁管理，可能会出现较多"朝令夕改"的情况，比较烦琐。

（四）财务管理

这种管理覆盖面广，是用途极广的非常重要的管理方式，包括预算管理及各种财务指标的管理。

这种管理模式的优点在于：主要针对财务进行管理，而财务是企业经营的"命脉"，把住了财务大关，就能够有效降低企业风险；能够有效帮助企业做好筹资管理、投资管理、运营资金管理、利润分配管理等。缺点在于：管理活动比较精密复杂，对管理人员的要求比较高，缺乏相应专业知识的员工无法胜任。这就从侧面提升了用人的成本，对企业有着更高的资金要求。

（五）生产管理

生产管理是对产品品种、数量、质量、成本、交货期及服务等方面进行管理，可分为产前管理、过程管理及产后管理等。

这种管理模式的优点在于：管理者可以清楚了解到产品的基本生产情

况，对生产过程做到"心中有数"，对产品的相关数据有比较准确的判断，有助于对之后的运输、分销、营销等活动更好地做出安排。缺点在于：这种模式对管理者有着较高的要求，如果管理者只是精通管理，而缺少和产品相关的专业性知识，则无法做出准确的判断，更无法进行接下来的安排。

（六）销售规模管理

销售规模太小会影响经济效益，而太大则占用资金过多，影响经济效益，因此，要对销售规模进行管理。

（七）质量管理

质量管理包括对企业工作质量和产品质量的管理。工作质量不仅包括生产工作的质量，还包括领导工作、设计工作、信息工作等一系列非生产工作的质量，因此质量管理范围包括生产过程和非生产的其他一切过程的管理，质量管理是动态的，着眼于事前和未来的质量管理。

这种管理模式的优点在于：企业管理者能够全面了解产品质量与生产质量的基本情况，对企业来讲，产品质量永远是第一位的，如果产品质量不过关，即使有再低的价格，也无法受到消费者的青睐。同时，如果企业的生产技术达标，具备生产精密产品的实力，而工作人员消极怠工，玩忽职守，也会造成产品质量的下降。所以，管理者要把好质量关，这种管理模式可以有效提升产品的质量，提升企业的口碑。缺点在于：质量管理的涵盖面比较广，包括产品的质量，以及各种工作的完成质量，加之生产活动是一个动态的过程，所以对管理者的时间与精力都消耗较多，管理者可以以增派助手的方式完成质量管理。

（八）成本管理

通过成本管理，可以使各项费用降到最低水平，达到提高经济效益的目的。成本管理不仅包括对生产、销售、设计、储备等有形费用的管理，还包括对会议、领导、时间等无形费用的管理。在成本管理中要确定各种费用的开支范围、开支标准并严格执行，要事先进行成本预算等工作。成本管理的难点在于企业中的非独立核算部门缺乏成本意识。

这种管理模式的优点在于：通过对产品生产成本进行有效分析，计算出成本，并根据成本对产品合理定价，找到既能保证销量，又能保证产品质量的区间，有助于企业提升市场竞争力。缺点在于：如果对成本的调控不当，很可能出现问题。例如，成本管控过于严格，造成产品质量低下等。

三、企业经营战略的创新

企业想要实现经营战略的创新，就必须先从意识上、思维上做出转变，做到经营意识创新与经营思维创新。思维与意识层面的转变，是将创新目标转化为现实的第一步。

（一）经营意识创新

企业经营既是一门学问，又是一门艺术，对管理者有着较高的要求，企业管理者除了要具备远大的目光，相关领域的专业素养，还要具备识人用人的能力，以及找准时机果断进入市场的魄力。而对于不同的行业，也有着不同的经营方式，学会顺应行业的发展，找到适合自己企业发展的方向，适当转变经营意识，尽量实现经营意识创新，则尤为重要。

1. 经营导向意识

经营导向意识是企业管理者关于企业未来发展方向与发展规划的目标意识，明确的导向意识，可以指引企业朝着目标径直向前发展，避免走弯路、走错路。一般的经营导向意识主要包括两方面，分别为政府导向与市场导向：其一，政府导向，指企业的经营必须按照政策的要求开展，任何活动都不可僭越法律法规，要符合有关部门的规定，并尽可能与政府支持的方向保持一致，这样既响应国家的号召，又能够有利于企业发展的政策环境；其二，市场导向，指企业经营必须与市场发展的方向相一致，企业所生产的产品必须符合市场的需求，如果市场中没有需求量，没有消费者，那么生产再多产品，也无从销售，企业更无从获得利润。

2. 市场行为意识

市场行为与政府行为截然不同。树立市场行为意识，就是围绕市场搞经营，向开拓市场要效益，破除"有困难，找市长"的计划经济传统观念。在计划经济体制下，许多企业习惯于找政府要资源，解难题，养成了"等、靠、要"的消极态度。

在市场经济条件下，企业不能够再指望政府行为来解决问题，找"市长"所能解决的问题是有限的，而找市场则是无限的。只要按价值规律办事，没有办不到的事情，也绝没有轻轻松松办好的事情。市场、商场、战场，竞争激烈，但商机是无限的。过去计划经济体制下，找"市长"，跑政府部门，只要列入计划就总能"到位"；现在市场经济条件下，找市场则必须抓住机遇，必须"抢位"。有些企业领导者，市场观念、竞争意识淡薄，只有加强市场观念、提高竞争意识，才能真正树立起市场行为理念。

3.商机意识

企业管理者必须要具备商机意识，商机意识能够帮助管理者找到最适合企业发展的"路子"，实现企业进入快速发展的"轨道"。

在日常生活中，人们时常会听到"我很想创业，但是找不到商机"等言论。但什么是商机？或许很少有人能给出准确的答案。商机，简而言之即实现商业成绩的机会，或是将机遇转变为现实财富的机会。商机与一般人的关系或许不大，但是与企业经营者，与准备创业者则有着紧密的联系。即使创业者有着过硬的专业素质和一定的启动资金，也不一定能够创业成功，这是因为，如果缺少商机，即使拥有再充裕的资金也很难迈出创业的第一步。

所以，创业者与管理者必须具备商机意识，要善于发现商机，把握商机。由于市场的多变性，商机也常常处于变动之中，这就使得把握商机变得比较困难。要善于观察，观察市场的发展情况与基本走势，找到行业的增长点；要善于分析，分析商机变化的规律；更要具有果断的心理素质，敢于出击，当察觉商机之时，要及时抓准，从而实现企业的突破。

4.经营未来意识

一些企业领导人在考察项目时，总是过分强调回报或急于得到回报而没有着眼于未来。还有一些企业高层管理人员的短期行为也存在着缺乏经营未来的意识，对企业是十分不利的。人类的伟大，不在于他们在做什么，而在于他们想做什么。许多人不成功是因为他们把大部分时间都花在了眼前正要做的事情上，而没有时间去做那些关系未来的重要的事情。

所以，企业的领导人要学会经营未来，要用相当多的精力和时间考虑和筹划未来。"良机总是偏爱有准备的人"，经营未来的一个很重要的方面就是要有企业经营战略。

（二）经营战略思维创新

企业管理者除了要在企业经营意识方面敢于创新，还要在经营战略思维方面做出创新，前者是主体思维倾向的转变，后者是企业经营战略具体实践方面的转变。

1.善于另辟蹊径

在市场大环境下，由于企业众多，产业结构相似，许多企业之间存在着大量同质化竞争的情况。如何在密集的竞争中脱颖而出成为一个难题。笔者认为，企业想要在市场竞争中取胜，必须要出"奇兵"，要善于另辟蹊径，找到以前的企业未曾考虑过的创新点。要"想他人未想""做他人未做"，以创新的思路开辟新的市场，避开竞争之锋芒。走出创新的道路，才能赢得市场中的主动权。一是要找到企业自身的优势，扬长避短；二是要找到社会中潜藏的、尚待发掘的市场，这种市场中没有大量竞争者，越早进入就能越早盈利，并为之后的企业扩张打下基础。

2.重视科学技术

新时代的市场中，谁掌握了更高层次的科学技术，谁就能掌握更多的主动权，这也是科技兴企观念的由来。可见，科学技术对企业的发展与创新起着举足轻重的作用。无论是中小型企业，还是大型跨国企业，都离不开科学技术，科学技术在一定程度上是作为企业的"命脉"而存在的，只有依靠科技创新，才能够实现产业创新，才能抢占市场的"制高点"。

我们必须要在新时代市场经济体制下转变观念，比以往任何时候都应当更加重视科学技术，必须要把"科技兴企"四字作为经营战略创新的重点。

此外，科技兴企的意识形成之后，如果想要顺利实施，并取得一定的成绩，管理者还应树立大科技观念，大科技观念注重人才的流通，技术的交流，要求把所有的技术吸引或引进过来，并且实现"为我所用"。只要有了先进的大科技观念，并按价值规律办事，就没有办不到的事。一位观念先进的企业高层管理人员曾说："全国的科技人员都可以为我所用，只要我有机制。"这就是大科技观念的一种具体体现。当然也需要相关的法律约束，坚决杜绝不择手段窃取他人科技成果的行为。

按照大科技观念，在用好本单位科技力量的基础上，还可以迈开社会合作的步伐，如请科技院（所）搞技术入股式的紧密合作；或到科技发达地区（包括国外）聘请客座研究人员等。

3. 重视市场营销

对企业来讲，获取经济效益永远是第一位的，而获取效益的首要保证便是产品的质量。进入 21 世纪，人们在关注产品质量的同时，也更加注重营销活动。企业的市场营销管理做得好，能够将产品推广到更加广阔的领域，能够让更多的潜在顾客了解自身产品的价值，从而提升销量，也是企业管理者共同的追求。

甚至有企业家曾经断言，"在市场经济条件下，只是产品做得好并不能成就一个企业。在某些时候产品的营销比生产更加重要，缺乏营销活动，即使生产能力再强，商品质量再牢靠，也难以取得销量上的突破。"

所以，管理者必须要有经营战略思维的创新，要改变固有的观念，要重视营销活动，营销已经不再独立于生产实践，它已经与生产、制造、服务连接成一个越来越紧密的整体。

第三节　企业经营战略的环境分析

企业处于社会之中，是一个开放的系统，企业的发展受到企业自身条件的限制，也受到社会各因素的制约。深入分析企业所处的环境，对其经营战略进行分析，有利于找到最适合企业发展的路线。

一、企业的外部环境分析

（一）"大环境"

"大环境"，即企业外部的宏观环境，也就是企业外部与企业时刻发生着联系，且作用力无法控制的环境综合，包括政策环境、经济环境、文化环境、技术环境、法律环境等方面。

1. 政策环境

政策是政府根据社会发展的实际情况所制定的各项硬性规定，根据不同时代的特性，以及国家的不同发展需求，各国有着不同的政策环境，即使是同一个国家的不同时代，其政策环境也是大相径庭。政策环境主要包括政治局势、政治团体的思想、地方政府的局部方针战略等。企业的发展先要考虑的因素便是政策环境，如果政府对企业是支持与鼓励的态度，那么企业必然具有较大的发展空间，反之则发展空间受限。政策环境是企业无法调控的因素，作为企业，想要寻求发展必然要顺应政策，随着政策环境的变化做出适当的经营战略转变。

2. 经济环境

作为经济学和管理学中的概念，并且以经济效益作为其主要目标，企业必然受到经济环境的巨大影响。经济环境主要包括社会的经济发展水平、经济发展趋向、经济发展的侧重点等。企业管理者要对社会的经济大环境有充分的了解，一方面，要时常进行市场调研，明晰受众的产品需求；另一方面，要与其他企业管理者，或金融领域的从业者和研究者进行广泛交流，共同探讨当下的经济环境特性，找到企业发展和创新的新渠道。

3. 文化环境

文化环境指社会大众普遍认可，并在社会中广泛流行的基本价值观念，行为习惯，其他偏好等。文化环境包括人们对不同事物的认可度，对不同文化的接受力，对不同产品的偏好程度，以及对外来文化的看法等。对企业来讲，社会的文化环境对其有着较大的影响。例如，某企业专门制作各种生活用品，这些产品以中国传统文化为主题，将传统文化中的思维观念、名诗名画等蕴于其中，如果社会中十分推崇传统文化，那么该企业的产品将会吸引一大批"粉丝"。反之，如果企业产品所蕴含的内在文化与社会主流价值观念背道而驰，只能是适得其反，造成销量陡降的局面。可见，文化环境能够对企业产生无法忽视的影响与作用。

4. 技术环境

技术环境是影响产品营销过程及其效率的外部因素之一。企业技术水平较为成熟的情况下,产品质量与性能都比较可靠,容易受到受众的追捧与喜爱,如果技术不够成熟,开发新产品的能力比较低下,产品的品控受到质疑,企业自然就无法保证销售额的提升,自然也会限制其进一步发展。

5.法律环境

法律法规是国家意志最明确的体现,能够起到规范社会秩序的作用。任何企业,无论是大型企业、中型企业、小型企业都必须遵守法律所限定的竞争规则与行为准则。任何违背法律的企业制度与发展战略都是明令禁止的。所以,企业制定战略时,应当提前充分了解法律规定,并持续关注法律动态。

(二)"小环境"

"小环境",也就是微观环境,是企业发展的具体环境,是企业在日常经营中要关心的外部客观条件。

1.行业特征

各行业的发展都有其具体的特点和特别的约束因素。市场经济环境中,需求是行业、企业发展的决定因素。需求具有多样性、变迁性、层次性等特点,也就是说,随着经济的发展和生活水平的提高,需求可能从无到有、从少到多,也可能下降乃至消失,这就对行业的发展产生了约束力和推动力,所以,行业的发展要注意本行业产品在未来市场的潜力。

2.企业竞争

企业有不同的类别,不同的市场领域。这就不可避免地出现一种情况,即任何一个企业都必将与其他大量企业存在着竞争关系。在一定程度上,竞争能够促进企业的发展,各企业都希望自己的产品深入人心,希望能够得到更多消费者的青睐,这就要求各企业不断提升产品力,并做好营销方案。但是,过于激烈的竞争,也必然会导致许多缺乏竞争力的企业走"下坡路"。为了避免这种情况的发生,企业在经营战略的管理上必须具有创新性,还要有防微杜渐的意识,警惕其他企业产品的威胁,找到自己的优势,提升自身的竞争力。

3.行业周期

行业周期指从行业出现直到行业完全退出社会经济活动所经历的时间。主要包括四个发展阶段，分别为幼稚期、成长期、成熟期、衰退期。在制定企业战略时，准确定位企业所处行业周期的发展阶段，对企业是十分重要的。

二、企业的内部环境分析

企业内部环境，是与企业外部环境相对的，对其进行分析，能够更加清晰地认识企业，并掌握企业内部的可控因素，对企业不断优化，促进企业的良性发展。

（一）企业内部资源

企业内部资源是企业发展的关键要素，缺乏资源，将会使企业的发展陷入停滞。资源好比企业的"血液"，能够为企业输送"养分"，以保证其高效运转，足见资源的重要性。相比政策、市场等外部因素，企业自身的各种资源属于其内部环境，具有较强的可控性，企业管理者应当充分发挥主观能动性，努力充实资源储备，对企业进行优化。企业内部资源主要包括财力资源、物力资源、人力资源、技术资源、管理资源。

1.财力资源

财力资源是企业维系正常生产运转和应对突发情况的重要保障，具有充足的财力资源，则意味着企业有着更大的抵御风险的能力，更不容易在突如其来的经济问题上遭遇冲击。企业管理者需要仔细分析财务资源中总资产的利用状况，以及企业获取利润的能力，对企业的经济效益进行合理的考核，以时刻保持企业稳步发展。

2.物力资源

物力资源指企业生产过程中所需要的物料，主要包括生产设备的相关情况、产品原料的相关情况、能源的相关情况。企业管理者要时刻了解原材料与零部件的供应状况，要深入分析能源供给情况，以此来了解企业接受外部输入物料转化为产品和服务的输出的能力。

3. 人力资源

知识经济时代，人才成为企业发展的重要因素，优秀的人才成为各企业竞争的关键因素。如今科学技术已经取得突飞猛进的发展，企业生产进入依靠产品的创新点盈利的阶段。这就要求，各企业都应当具备相当数量的高素质人才。

4. 技术资源

技术资源指的是企业对科学技术的掌握程度与运用程度，强调的是新技术的使用状况和企业将技术转化为生产力的状况，主要分析内容包括企业的研发经费数额、新产品销售占总销售额的比例、新产品开发的效果、企业对技术市场信息的了解和把握状况、产品的平均技术性能指标、产品合格率、产品等级品率等。

5. 管理资源

管理资源指企业管理者对企业的管理行为，以及其管理行为所产生的影响。优秀的管理者，能够为员工合理安排工作岗位；为企业制定合理的制度规范；为生产部门制定切实可行的生产目标；为员工营造良好的工作环境；为企业开发有效的营销策略等。对管理资源的分析应从以下方面入手：企业是否有组织结构图和有关各职位任务的文字说明；企业是否能够运用现代化的管理手段；拥有多少现代化管理手段；内部员工的沟通状况是否畅通无阻；内部员工对本企业组织状况有何看法；组织是否有完善的战略目标与计划；组织内部对权力的分配状况如何；组织决策的发生过程是否科学、有效，组织的气氛是否融洽；以及组织变革是否能顺利进行并产生效益。

（二）企业核心能力

企业的核心能力，也被称为核心专长、核心竞争力，"是指企业依据自己独特的资源培育创造本企业不同于其他企业的最关键的竞争能力与优势。这种竞争能力与优势是本企业独创的，也是企业最根本、最关键的经营能力，凭借这种能力，企业才拥有自己的市场和效益"[1]。

---

[1] 辛磊，易兰华：《企业管理概论》，上海，上海财经大学出版社，2012：77。

第五章　企业生产管理与质量管理

第一节　企业生产管理的相关概念

一、企业生产管理的定义与内容

生产是企业、工厂最根本的活动之一，生产管理自然也是企业管理的重中之重，企业生产管理能够有条不紊地进行，意味着企业能够合理运转，并不断创造收益。在当代社会，企业数量越来越多，企业间的竞争愈发激烈，如何在更短的时间内，生产更多合乎标准、符合顾客需求的产品，成为提高企业经济效益，增强企业整体实力的关键环节。

（一）企业生产管理的定义

有学者认为，生产管理是对企业的生产经营活动进行计划、组织、指挥、监督调节等一系列职能的总称。以最少的资源消耗获得最高的收益，则是对企业生产系统设置与运行的各项管理工作的统称，所以生产管理也被称为生产控制。也有学者认为，"企业的生产活动是将一定的资源输入，经过价值转化，把输入的资源转化为产品或服务的过程。对价值转化过程的管理即是生产管理所要做的工作"[1]。

笔者认为,企业生产管理是针对企业生产活动的控制、监督和管理,由于生产是一项实践活动,所以生产管理必须具备较强的实践性,与实际紧密联系,脱离实际的生产管理没有任何现实意义,更不会有助于企业实现其发展价值。简单来说,企业生产管理就是企业为了促进产业升级改进,创造良好经济效益而进行的关于生产实践的管理活动。

(二)企业生产管理的内容

一般认为企业生产管理主要包含三方面的内容,分别为生产组织工作、生产计划工作、生产控制工作,这三个方面的内容还可进行比较细致的划分,如图5-1所示。

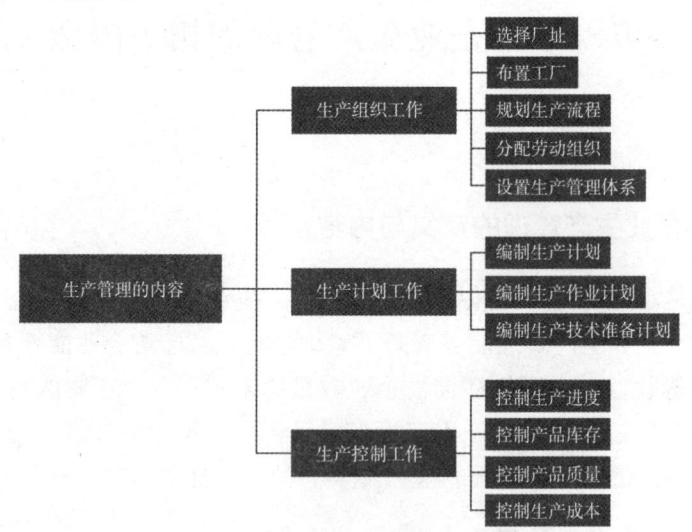

图5-1 企业生产管理的基本内容

二、企业生产管理的目标与任务

(一)企业生产管理的目标

有学者认为,企业生产管理的目标为高效、灵活、准时、清洁。但笔

---

[1] 秦勇,李东进:《企业管理学》,北京,中国发展出版社,2016:210。

者认为，在知识经济时代，节能、创新已经成为时代的主流，所以生产管理目标主要应围绕"高效""低耗""清洁""按时""保质保量""灵活创新"等方面展开。

1. 高效

高效是生产管理最基本的目标，只有提升了生产效率，才能实现经济收益。效率是一个相对的概念，随着内在要素关系的变化而变化，主要的要素包括生产时间、生产数量，生产相同数量的产品所消耗的时间越多，则意味着效率越低；生产相同数量的产品所消耗的时间越少，则意味着效率越高。能够迅速满足受众的需要，明显缩短订货时长，减少受众等待的时间，是高效生产最直接的体现。

2. 低耗

在生产过程中，企业需要消耗一定的财力、物力、人力，还有少量的其他资源。而企业最根本的目标在于盈利，如果消耗过多，则意味着利润减少，所以如何做到低耗，是一个重要问题。生产管理必须要注重低耗，用科学的管理方法，从宏观的角度出发，统筹各环节，尽量把财力、物力、人力的消耗降到最低，从而节约成本。

3. 清洁

20世纪末期尤其是进入21世纪之后，原有的粗放式发展模式已经越来越不适应当代的发展主题，人类已经意识到保护自然环境的重要性与紧迫性。所以，企业的生产活动除要注重经济效益之外，还要注重清洁，即生产活动所产生的废料应当控制在一定的限度之内。如果企业生产造成过多工业垃圾，环境污染超标，则不符合管理目标，甚至需要受到相应法律法规的惩罚。

4. 按时

对多数企业来讲，当顾客下订单之后，都需要一段时间进行筹备，以满足顾客要求的数量。这就需要准确制订生产目标，在既定时间内交付任务，让顾客在要求的时间内，收到相应数量的产品。

5. 保质保量

企业的产品除了要满足顾客"量"的需求，也要满足其"质"的需求，可靠的品质保障，能够为企业赢得良好的口碑，从而为之后的发展与扩张打下坚实的基础。

6. 灵活创新

当代社会，科学技术在社会各领域都取得了重大突破，诸多企业的生产技术水平较为统一，都具有相近的生产力，能够完成顾客的基本需求。企业需要找到自己与其他企业的不同之处，给顾客带来更多的新鲜感，以提升销量。灵活创新无疑是一个正确的选择，具有创新的观念，创新的生产方式和管理方式，能够进一步提升生产效率，转变生产模式，吸引受众群体，使受众更加满足产品所带来的附加享受。

（二）企业生产管理的任务

生产管理的基本任务，就是通过计划、组织、控制等管理功能对生产系统进行有效的管理，根据生产过程的要求，把生产过程的人力、材料、设备、资金和信息等要素进行有机的、最佳的整合，经济、合理、按时地生产出顾客满意、适销对路的产品，满足社会的需求和获取企业发展所需的经济效益。主要包括以下三个方面。

1. 按需生产

按需生产，指根据市场需求和订货合同，制订计划和组织生产，保质、保量、按期提供顾客所需的产品和服务。

2. 均衡生产

均衡生产，指按照生产计划规定的进度，使各个环节和各个工序均衡生产，以建立正常、高效的生产秩序，提高设备利用率和工时利用率，降低消耗，减少在制品占用量，加速资金周转，提高经济效益。

3. 安全文明生产

安全文明生产，指建立各项科学合理的生产管理制度和良好的生产秩序，做到文明生产、安全生产，保证生产过程顺利进行。简而言之，生产管理的主要任务，就是使产品的质量、生产成本和交货期达到企业的预期目标，这是衡量企业生产管理成效的三大指标。

三、企业生产管理的原则与方法

（一）企业生产管理的原则

企业生产管理应当遵循相应的原则，原则对生产管理活动有着更多的规范，并进一步明确了生产管理的目标，只有按照相应的原则进行管理，才能促进企业良性发展。企业生产管理的原则主要包括效益原则、科学原则、安全原则、以销定产原则、均衡生产原则等。

1. 效益原则

效益原则，指运用较少的消耗（财力、物力、人力），达到产出更多产品，并实现销售的目的。这就要求管理者掌握当下产品的热点，根据消费者的喜好进行生产管理活动，产出更多适销对路的商品。

2. 科学原则

科学原则，指生产管理要科学化，这就要求管理者的管理活动具有科学性，从员工的选择，岗位的安排，一直到生产中的各种管理都要遵循科学原则。其一，对员工进行科学的劳动分配，根据员工自身的特性，为其分配合适的岗位；其二，科学地培训员工，提升他们的工作能力；其三，科学地安排员工与员工之间的搭配，尽可能做到优势互补；其四，建立科学的生产指挥系统，要以管理为优先，管理者不要"身先士卒"，而是要做好统筹规划；其五，要科学规划基础工作，包括建立制度，明确规章等。

3. 安全原则

安全是一个老生常谈的话题，对企业的生产来讲，安全至关重要。企业生产线中，绝大部分的机械如果操作不当就会造成人员损伤，员工必须要按照正确的流程使用器械。针对这一点，管理者必须制定相应的使用规范、权责制度、审查制度以及定期维护方案，以免出现安全问题。要坚持"以人为本""谁主管、谁负责"，坚持安全发展，坚持安全第一、预防为主、综合治理的方针。

4. 以销定产原则

以销定产，也叫作按需定产，主要包含两个方面的内容：一方面，对产品的各种因素进行分析，并结合市场的需求，制定生产相关的安排，如对产品的品种、质量、规格进行分析之后再进行生产安排；另一方面，要统筹安排，长远规划，让生产符合市场的需要。

5. 均衡生产原则

均衡生产，简单来说就是保持既定频率，有节奏地生产。这需要管理者对生产活动的整体进行统一管理，制定统一的规划与方案。均衡生产有助于保证员工的生产负荷，不会因为某产品短时间内生产量较低，而造成之后需要在短时间内赶工的情况。同时均衡生产也有助于保证产品质量与生产安全，为企业带来更好的效益与更长远的发展。

（二）企业生产管理的方法

要使企业达到预定的目标，除要按照上述原则进行管理之外，还要运用正确的方法才能够实现有效管理。

1. 运用行政方法

运用行政方法，即生产管理者直接指挥下级行动，以自己的权力、职位、威望命令员工，使其改变错误的生产活动。这种方法具有一定的强制性与约束性，效率较高，行动迅速有效，可以及时处理问题。但是行政方法也有一定的局限性，如容易造成管理阶层的独断专行，如果管理者出现失误，无人对其进行监管，就很容易造成严重的后果。

2. 运用经济方法

运用经济方法，能够调节各生产单位与员工之间的经济利益关系。其特点在于，通过评价生产单位和员工的生产劳动成果，给予相应的物质利益，以间接影响他们生产活动的方式、效率、效果。

3. 信息反馈方法

运用信息反馈方法，管理者能够快速得知产品的生产情况，知晓生产环节哪里存在问题。反过来，员工也能够及时将隐患、问题上报，有利于员工与管理者实现信息的快速传递，促进企业高效运转。

4. 奖惩结合方法

员工的工作是否取得了较好的效果，需要一个评判的标准，也需要有相应的奖惩措施。假如生产任务的完成度较高，那么管理者应当对表现优异的员工予以嘉奖；假如生产任务的完成度较低，那么管理者也应当对其适当惩罚。当然，惩罚并不是目的，要以激励为主，尽可能调动员工的积极性，这样的管理方法才能够使员工充满工作的热情与动力。

第二节 企业的生产计划管理

一、企业生产计划的基本指标

制订企业生产计划之前，先要明确各项指标。指标是企业生产计划的根据，对计划的制订有着极为重要的作用。

一般企业生产计划的指标包括品种、质量、产量、产值等。

（一）品种

品种是企业在计划期内应产出的产品品种的名称与数量，它反映了企业在品种方面是否能够满足社会的需求，也在侧面展现了企业的实力，如果企业的生产力与创造力较为雄厚，那么它的品种就比较丰富；如果企业缺乏创造力，其品种就会比较单一，缺乏吸引力。所以，任何企业都应当努力提升创造力、创新力，不断开发新产品，丰富的种类是吸引消费者的重要途径。

（二）质量

质量是企业在约定期限内，所生产出产品总量的总合格率，合格率越高，意味着产品的质量越高，单一的产品质量不足以说明任何问题，只有总量才能比较全面地反映产品的状况。

企业所产出的产品，能够在较高的程度与消费者的预期所契合，能够极大地满足消费者的既定需求，表明企业生产具有较强的竞争力。

需要注意的是，任何生产流程都会存在一定的废品率与返修率，即使企业的生产链很完整，产业模式比较先进，也仍然会存在少量不合格的情况，所以无须追求百分之百的通过率，能够在相关部门的限定之内合格即可。不过，要在此基础上尽量提高合格率，更高的合格率对消费者有着更强的吸引力。

（三）产量

产量是企业在限定时间内，所能够生产出来的合格产品的总数量。企业的产量，反映了企业的规划与效率。具体来讲，它反映了企业在一定时期内向社会提供的使用价值的数量和生产发展水平以及企业生产规模。它也是企业进行产销平衡、物资平衡、计算和分析劳动生产率以及原材料消耗、编制成本和利润计划的基础，是安排生产作业计划和组织日常生产活动的重要参考。

（四）产值

产值是产量指标的货币表现。产值通常分为商品产值、总产值和净产值三种。

1.商品产值

商品产值，指企业在计划期内应当出产的商品产量的货币表现，它包括可供销售的成品、半成品及工业性作业的价值。其计算公式如下：

"商品产值 = 本企业自备原材料价值 + 外售半成品价值 + 来料生产的产品加工价值 + 对外工业性作业价值"

2.总产值

总产值，指企业在计划期内应完成生产工作总量的货币表现。它包括本企业在计划期内的全部商品产值；外单位来料加工产品的材料价值；企业的在制品、自制工具、模具等的期末与期初结存量差额的价值。其计算公式如下：

"总产值＝本企业自备材料生产的商品价值＋用订货者来料加工产品的材料价值＋外售半成品价值＋工业性作业价值＋期末在制品、半成品、自制工具、模具的价值＋期初在制品、半成品、自制工具、模具的价值"

3.净产值

净产值，指企业在计划期内工业生产中新创造的价值。即从总产值中扣除各种物资消耗价值以后的余额价值。计算公式如下：

"净产值＝总产值－各种物资消耗的价值"

二、企业生产计划制订的创新

企业生产计划的制订，需要对企业的相关情况进行全方位的考量，这对管理者的能力是一项较大的考验，缺乏制订计划能力的管理者，很可能会在统筹安排上出现较多的疏漏。

优秀的管理者则能够在对产品、订单等多个要素进行分析后，制订出切实可行的计划。尤其是制造型企业，合理的生产计划极为重要，不仅有助于企业更好地满足客户的要求，还有助于减少库存资金的积压。

生产计划的制订主要包含以下几个步骤，如图 5-2 所示。

明确产品清单

明确库存信息

明确材料清单

明确在制生产信息

明确客户订单数量

明确物料采购周期

图 5-2　企业生产计划的制订步骤

（一）明确产品清单

产品清单是企业所能够生产产品的名称、种类、数量等一系列相关信息的综合。任何企业都有其产品清单，对产品结构较为单一，规模较小的企业来讲，其产品清单的内容比较少，管理者明确产品清单是一件十分容易的事；但是对于企业规模较大、产品类别较多、涉及范围较广的企业，明确产品清单，则需要耗费较多的时间。

在明确产品清单的过程中，管理者应当与各部门的负责人面对面，切实沟通企业的基本情况。一方面，管理者要仔细听取各部门负责人对其主管部门基本情况的介绍，吸收有用的信息，充分了解企业产品的基本情况；另一方面，向各部门负责人表达自己对企业未来发展的意愿与规划，并鼓励员工提出可行的规划与方案，使得生产计划与生产实际结合得更加紧密。产品清单主要包括企业产品的名称、品牌型号、详细配置或详细参数、各产品数量等。

（二）明确库存信息

库存信息是指企业仓库中所存有的产品数量，以及尚未出库但是已经被客户所订购的产品数量的总和。简单来说，就是企业目前所剩余的存货数量。

作为管理者，需要明确库存信息，库存信息的准确与否，决定了生产计划是否具有准确性。无论是该企业的成品，还是半成品，统计的数据都要做到绝对准确。

仓库管理人员应当明确自己的责任，统计数据时要准确，并及时上报给有关部门的主管，再由主管将数据呈交给管理者。管理者明确信息后，可以根据库存数量，制订相应的计划，如果库存数量较多，为了防止货品积压过久出现滞销的情况，要适当放缓生产进程；如果库存数量较少，为了防止出现客户需要大量产品而无法及时供给的情况，要适当加快生产进程。总之，库存信息对生产计划的调整有很重要的参考价值。

（三）明确材料清单

材料清单，指企业生产产品所需要的所有零件的清单。明确材料清单，有助于企业合理利用资金，将资金运用在恰当的地方，避免资金的过度浪费。例如，生产一张电脑桌需要部分塑料材料、实木材料、螺丝、胶条等，由于以上材料的需求量不同，采购时如果不明确材料清单，很可能会出现错买、少买、多买的情况，从而影响生产计划，导致无法准时交货。所以，管理者与各部门负责人要时常沟通，准确掌握材料清单，以便下达指令，从而避免上述情况的发生。

(四) 明确在制产品信息

车间产品的在制生产信息十分重要，员工对在制产品信息的数据上传一定要准确及时，在制产品信息与库存数据一样，是编制生产计划的基础。要制定相应的制度，不同的车间要有不少于2名统计在制产品信息的人员，每日对在制产品进行统计，包括数量、种类、进度等信息。根据生产进度以日或以周为期限，向上级主管进行信息上报。主管收到信息后，统一向管理者提交，在制信息不能出现错误，如果出现错误，则容易导致企业最后与客户的交货日期不符，如无法及时交货。所以，管理者需要明确在制产品信息，并保证信息的准确性与及时性。

(五) 明确客户订单数量

生产的产品最终要发往客户，所以客户订单是非常重要的，生产计划员要定期分析每种订单的年、月发货量、月均发货量、发货频次，制订合理的安全库存；如果是固定产品，可以批量生产；如果是新品、非标产品，最好收到订单后再生产，以免造成呆滞库存。

(六) 明确物料采购周期

物料采购周期，指企业购买所需的材料而需要耗费的时间，以及材料转化和加工成为能够直接使用的材料所需要的时间。

有些产品需要的物料种类较少，采购者能够准确记在脑海中；也有些产品需要的物料种类较多，甚至多达几百、上千种，这就要求相关人员在采购前进行比较详细的记录，因为如果物料较多，很可能会因为个别物料的缺乏，导致整体生产活动的迟滞。例如，有些进口材料的采购周期很长，甚至需要2~3个月，管理者必须对这些物料的采购提起重视，要提前购买，在生产计划中明确要求物料的采购期限，避免出现生产活动无法开展的情况。

三、企业生产计划管理的创新

目前，我们已经进入经济体制改革的新时代，在这样的背景下，要求各企业要有更加明确的生产计划,生产计划管理的职能应当更好地运用到企业经营活动中,在现实中,应当做好以下几个方面。

(一)强调长远性与短期性相结合

企业以经济效益为根本目标,必将在生产计划的制订上,强调经济性。对绝大多数企业来讲,其生产计划的制订,往往更加注重短期的经济效益,注重眼前的利益,而缺乏长远的规划与谋略;或是注重片面的、局部的经济效益,而忽视全面的、整体的经济效益。以上是许多企业管理者制订生产计划时难以避免的一个"弊病"。因此,许多企业在扩张与发展过程中容易受到限制,难以突破"瓶颈",虽然能够获得短期的利润,但是难以进入更加广阔的空间,无法实现"质"的突破。

企业生产计划管理,强调长远性与短期性的结合,要求管理者既要认清短期的经济效益,也要具有长远发展的眼光。管理者应当着眼于市场的发展趋势,找到消费者未来的兴趣点,具有一定的前瞻性;应当合理配置资源,对具有发展前景的产品进行专项创新,与之相关的产业链也要进行适当改革与升级,从而有效降低生产成本,提高产品质量,提升生产总量。

当然,以上生产计划管理不具备短期盈利的特点,为了保持企业的正常运转,短期盈利也是必不可少的,所以也应当针对当下的市场,做好生产规划,应当提高当下流行产品的资金投入,加大产量,实现短期盈利。总之,管理者的生产计划管理要以长远性与短期性相结合作为第一要点,缺乏其中任何一点,都会使企业的发展路线严重受阻。

(二)强调生产计划管理的科学性

生产计划要具备一定的科学性,即生产计划要与客观实际相结合,包括与企业的实际情况相结合;与市场情况相结合;与行业的发展特点相结合;与消费者的消费心态相结合。

1. 生产计划要与企业的实际情况相结合

即使是相同的产业,但是如果企业不同,其产能也存在着明显的差异。有些企业规模较大,资源比较充沛,很可能可以在短时间内完成客户的需求量;有些企业规模较小,财力、物力、人力都稍显不足,在完成同样的订单时，则需要更长的时间。任何生产计划的制订都要结合企业自身的实际情况，不能为了拿下订单，好高骛远，一味追求高收益，而忽视了生产水平的制约，导致延迟交货，如此只会损失企业的信誉，于长远发展极为不利。

2. 生产计划要与市场情况相结合

市场的"风向"瞬息万变，即使是在一天之内，由于股票的影响，某些具有市场影响力的产业或企业也会面临极大的危机。任何企业无法对市场做出百分之百的预判，但是充足地分析与判断，能够使企业避免绝大多数的损失。如果不做好生产计划与市场的结合，不提前联系渠道，盲目进行生产，很可能在完成大量产品后，找不到销售渠道，造成资源与材料的浪费。

3. 生产计划要与行业的发展特点相结合

对某些行业而言，由于产品的特殊性，产品的生产进度较快，即使是数量较大的订单也能够尽快完成，包括各种小型商品，如小型玩具、小型饰品、小型日用品等。但是对于某些产品，如电子产品、数码产品等，其生产过程较为复杂，生产环节较多，生产进度就会变慢。企业的生产计划要结合行业特点，不能"东施效颦"，一味追求其他产业的高效率，而忽视了自身产业的特点。

4. 生产计划要与消费者的消费心态相结合

消费者的消费心态具有极强的不确定性，很可能受到社会上某些因素的影响，瞬间发生转变，也很可能由于自己实际情况的变化而发生变化。例如，媒体热点引起消费者群体对某一产品的强烈关注，消费者对该产品产生了极强的购买欲；网络曝光某食品出现卫生问题，原本热销的食品会瞬间"无人问津"；个体消费者由于薪资上涨，有了更高层次的消费需求等。总之，消费者的消费心态和消费习惯总是处于不停地变化之中。作为企业管理者，虽然无法摸透所有消费者的消费倾向，但是可以通过科学的方式，总结和判断广大消费者的消费趋向。例如，消费者在冬季关于保暖性产品（棉帽、手套、围巾）的需求会明显提升；在干燥多风的春季，关于润肤加湿的产品（润肤露、空气加湿器）需求会提升等。企业可以通过科学合理的判断,针对消费者的需求进行生产计划的调整。

第三节 企业的生产技术管理

一、企业生产技术管理的定义

企业生产技术管理,指企业在生产过程中,对生产活动所涉及技术的实践与创新,生产技术管理与技术管理的含义基本相似,也可称为技术管理。在研究企业生产技术管理的定义之前,先要明晰何为技术。

(一)技术的定义

关于技术的定义,赵良庆认为,技术指企业员工和管理者根据日常生产实践,以及已经得到证实的科学原理,即由实践经验与理性结论相结合,而总结发展成的工艺操作方法与工作技能。技术不仅蕴含在产品中,而且蕴含在形成新产品或推出新服务的流程或方法中;当技术和创新结果相关联时,技术就成为商品[1]。

世界知识产权组织曾在《供发展中国家使用的许可证贸易手册》中,给技术下的定义为:技术是指制造一种产品的系统知识,所采用的一种工艺或提供的一项服务,不论这种知识是否反映在一项发明、一项外形设计、一项实用新型或者一种植物新品种,或者反映在技术情报或技能中,或者反映在专家为设计、安装、开办或维修一个工厂,或为管理一个工商企业或其活动而提供的服务或协助等方面。

笔者认为,技术具有一定的生命周期,技术的发展与生物的发展一样,具有萌芽、成熟、衰老等过程。相关领域的专业人员,应当善于发现技术所处的阶段,如果技术刚刚萌芽,要善于对其进行发掘和创新;如果技术

---

[1] 赵良庆:《企业管理学》,北京,中国农业大学出版社,2015:262。

已经发展至成熟期，那么要善于利用，将技术实体化为商品，以赚取利润。

根据特定因素的差异，技术也有着不同的分类。

根据生产行业不同，技术包括农业技术、工业技术、通信技术、交通运输技术；根据生产内容不同，技术包括电子信息技术、生物技术、材料技术、先进制造与自动化技术、能源与节能技术、环境保护技术、农业技术等。

（二）企业生产技术管理的定义

企业生产技术管理，是对技术的谋划、统筹、管理与安排，是对企业的科学研究和全部技术活动进行的计划、协调、控制、激励等工作。通过技术管理，能够有效改进原有的、老旧的、过时的生产技术，并对其进行进一步创新与开发，以实现促进企业经济效益进步的目标。

企业生产技术管理包含以下主要内容：①科学技术预测判断，依次制定科学规划并实施；②制定并执行技术标准，对产品的质量进行较为全面的监督审查工作；③明确企业制度，建立健全操作规程；④做好生产技术准备与日常技术管理；⑤尝试创新产品设计，并努力研发新的产品；⑥企业内部各部门进行信息交流和沟通；⑦技术改造、技术引进、设备维护与更新、做好技术经济的论证工作。

二、企业生产技术管理的目标

企业生产技术管理的主要目标是促进产业结构转型创新，提升产业的现代化水平，推动科学技术进步，从而有效提高企业的经济效益。具体来讲，主要包含以下几个方面。

（一）严格依照国家技术政策进行生产

国家技术政策，指政府有关部门根据我国的基本国情，以及我国各企业发展的总体趋势与大体情况，以科学技术原理为基准而制订的总体性方针政策。国家技术政策对企业技术的发展、创新、应用具有强有力的约束性、规范性、导向性，任何企业对此都要绝对服从，要将依照国家技术政策开展生产活动，作为根本任务来执行。反过来，企业在遵循国家要求、支持技术政策的前提下，也能够得到有关部门的帮助，顺利解决企业发展所遇到的"难题",实现更长远的发展。

目前,我国现代企业的技术政策较多,包括产品质量标准、工艺规程、技术操作规程、检验制度等,其中,质量标准与检验制度最为重要。

1. 产品质量标准

产品质量标准是产品生产、检验和评定质量的技术依据。标准具有国标、行标、企标等不同类别,其中国标的要求最为严格,且不易改变。国际标准是指国际标准化组织(ISO)、国际电工委员会(IEC),以及其他国际组织所制定的标准。国家标准是对需要在全国范围内统一的技术要求,由国务院标准化行政主管部门制定的标准。

产品质量应当受到严格管控,这是保障产品合格、降低安全隐患最有效的途径,主要可以通过以下方式提升产品质量。

(1)严把质量关。各部门、各地区和所有企业,生产、运输、销售、服务各个环节,都要严格把好质量关。

(2)质量大检查。各部门、各地区要把这一工作当作大事来抓。所有企业都要自觉地认真开展自检,而不是消极地等待领导来查。质量大检查要严肃认真、一丝不苟、铁面无私,不要假把式,防止走过场,务求取得实效。

(3)按标准生产。标准化是质量管理的技术基础。对已有的近 7 000 项国家标准和 15 000 项部颁专业标准,必须严格贯彻执行。

(4)加强法治建设。我国已经颁布《中华人民共和国食品卫生法》《中华人民共和国药品管理法》《中华人民共和国经济合同法》《中华人民共和国商标法》《工业产品生产许可证试行条例》《锅炉压力容器安全监察暂行条例》《产品质量监督试行办法》《中华人民共和国进出口商品检验条例》等涉及产品质量的众多法律、法规,这些法律条文不断完善,是促进产品质量不断完善的重要力量。

2. 工艺规程

工艺规程即指导企业开展工作所使用的技术文件。在生产实践中,由于各种各样不可控因素的影响,生产过程总会出现数据上的误差,而工艺规程是对产品做出的标准化依据,对保证产品质量有重要作用。

3. 技术操作规程

技术操作规程是保证合理合规生产，由有关部门联合企业共同制定的设备操作需求，以实现企业生产活动的稳定、安全、有序开展。

4. 检验制度

关于产品的检验，我国早已有比较体系化的检验制度。例如，《中华人民共和国产品质量法》（以下简称《质量法》）对各企业所制造和产出的产品有着明确的要求。《质量法》自1993年审议通过，时至今日经过多次修订，对我国企业产品质量，以及权责义务有着明确要求。

以上几点均为我国现行的重要技术政策，企业生产技术管理要以贯彻落实技术政策为目标，促进企业依照规范进行生产。

（二）着力建设稳定良好的生产技术秩序

企业生产活动所处的环境，对生产活动顺利进行，生产目标顺利达成具有明显的影响。如果企业内部生产技术的秩序比较混乱，部门主管无法做到各尽其责、各司其职，各级员工消极怠工，那么企业生产效率自然十分低下，产品的合格率也难以达标。如果企业内部生产技术秩序稳定良好，各器械、各设备都处于比较好的状态，员工的工作积极性较高，那么有助于营造良好的工作环境，有效提升工作效率。即使工作中出现了突发性的问题，员工及时上报，管理者妥善处置，也不会对正常的生产造成明显的不良影响。

（三）大力提升企业的生产技术水平

当代社会，任何企业都要追求现代化，能够实现企业的现代化，意味着企业各方面、各领域已经实现了明显的创新，现代化主要体现在员工、技术、设备等方面。

第一，企业要提高员工的技术水平。要为员工打造实训平台，让员工在定期接受培训，提升实操能力与技术素质；要为员工开通晋升渠道，鼓励他们不断提升自己的工作能力，调动积极性，充分发挥其工作的主观能动性。

第二，企业要不断完善生产设备。要定期维护生产设备，使其始终保持一个良好的生产状态，以良好的状态完成大量生产工作；要由技术人员对生产设备进行深入研究，致力打造运用新工艺和新技术制造而成的全新设备，以推动企业现代化进程更进一步。

（四）坚持以企业的安全生产为前提

安全生产是企业生产技术管理的重要目标，是企业正常运转，稳定发展的保障，更是我国对企业所提出的重要要求，任何企业都应当在安全的前提下进行生产。

然而，部分企业在这一方面却存在着一定的问题。例如，有些企业的设备老化，年久失修，却仍在运转，机床的刀片很可能会在没有启动的情况下突然运转，造成员工受伤等。

近年来，由于国家大力整改，有关部门加大宣传并制定相应措施，许多企业开始意识到安全生产的重要性，越来越符合安全生产的要求。未来的企业生产技术管理应当坚持安全生产的要求，做到"安全第一，预防为主，综合治理"，落实权责制度，避免发生危险。

三、企业生产技术管理的创新

企业生产技术管理进行创新，有助于企业改进生产技术，提升生产效率，降低生产成本。

对生产技术管理进行创新，要找准"技术"这个字眼，针对企业的技术水平、设备情况进行全力统筹与规划。所谓企业生产技术管理创新，主要指的是技术革新、技术引进、技术改造。

（一）技术革新

技术革新，会为企业乃至社会产业整体的发展"助力增能"。

1.技术革新能够大幅提升企业生产效率

20世纪初尤其是在第二次工业革命完成之前，企业的生产活动多以手工为主，仅有少量的机械化生产车间，这一时期人们的生产技术较为低下，生产力水平较低。随着时代的进步与科技的发展，人类逐渐进入了以自动化与智能化机械设备作为主要生产手段的新社会。这一社会，自动化与智能化的设备在一定程度上取代了人们曾经的"苦劳力"，可以极大减轻人们体力上的消耗，仅需要操控设备，就能实现大规模的生产活动。虽然社会的生产技术有了大幅提升，生产力有了明显突破，但是随着人们越来越高的物质需求与精神需求，如果不继续进行创新，已有的生产技术在未来社会中也难以实现生产力的再度飞跃。所以，技术革新是企业生产技术管理的必然选择。

2.技术革新能够明显提升企业产品质量

随着生产设备的自动化和智能化应用，产品的生产质量也会得到极大的提升。在生产过程中，我们可以最大限度地摒除人为的错误因素，不管是产品生产的一致性，还是其生产的质量，都会随着各种加工工序的固化和流程似的定型而变得高效而且高质量。

在多数情况下，产品质量低下很大原因是在产品的生产过程中人为导致的，产品的错误更多的来自人的错误，而现在通过自动化和智能化的技术革新，最大限度地以机器代替了人的因素，让产品的质量通过设备和生产流程来保证，这比人要可靠得多，要容易控制得多。

3.技术革新能够有效降低企业人工成本

进入21世纪，智能化、一体化逐渐代替了人工，对许多企业来讲，曾经需要许多员工才能完成的生产任务，如今只需要几个人便能完成，唯一的改变就是多了几台机器。可见，技术革新大幅降低了用人成本。然而，技术革新对员工自身的素养提出了更高的要求。曾经虽然用人数量较多，但是对员工没有过多的要求，而如今企业所需要的员工都是具有相应的专业知识与专业技能的人才，如果缺乏相应的能力，那么员工正确操作器械也将成为一个"难题"。

4.技术革新能够明显促进行业快速发展

个别企业进行技术革新，必将带动行业整体进入一种良性的发展趋势，企业与行业就好比个体与群体、局部与整体的关系，能够互相影响，互相促进。企业进行技术革新，其生产效率、产品的品质都会明显提升，更加容易吸引消费者。与之处于竞争关系的其他企业必然会为了争取市场份额而相继进行革新，逐渐便会改变一个行业的整体面貌，促进行业整体实现良性发展。

（二）技术引进

技术引进，指通过国际企业合作，吸取国际企业经验，并有针对性地运用于自身企业发展的活动。技术引进主要包括引进生产技术、引进生产设备、引进外来人才、引进管理模式等。

技术引进有以下几点好处，如图5-3所示。

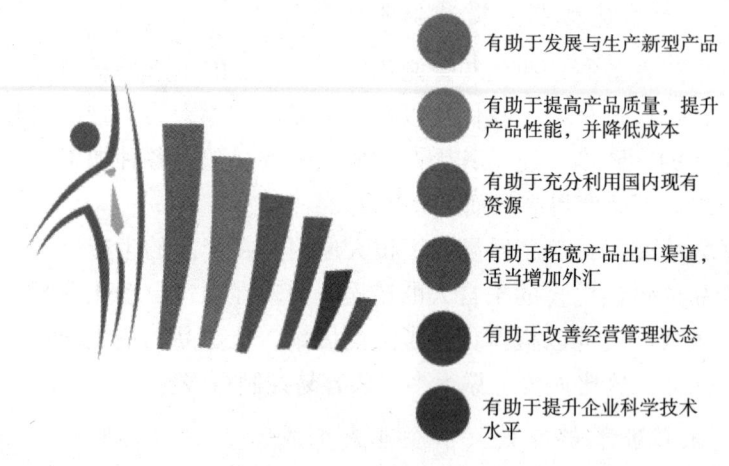

- 有助于发展与生产新型产品
- 有助于提高产品质量，提升产品性能，并降低成本
- 有助于充分利用国内现有资源
- 有助于拓宽产品出口渠道，适当增加外汇
- 有助于改善经营管理状态
- 有助于提升企业科学技术水平

图5-3 技术引进的好处

1.引进生产技术

引进生产技术是某企业以个人名义，或以地区名义，与海外其他企业建立贸易往来，并与之签订协议，从对方处获得先进生产技术的行为。需要明确的是，引进生产技术是一种跨国行为，如果双方都处于同一国家，那么则不存在引进的问题。

（1）明确企业短板。在引进生产技术之前，先要明确企业自身所存在的明显问题，如果企业同时存在着多项不足，则要选择技术水平最低的领域进行技术引进。由相关部门主管确立基本的引进方案，并上报企业管理者，以便进行之后的流程。

（2）找准引进对象。企业管理者与相同行业的诸多海外企业建立联系，经过筛选之后，找准引进对象，与之共同筹建深度合作机制，广泛商议生产技术引进计划，在达成基本共识之后，由双方企业各自派出相关领域的专门人才。

（3）企业技术融合。由专门人才进行广泛交流之后，将海外的先进生产技术带回企业，并对企业内的技术员工进行集体培训，讲解新技术的相关内容与操作步骤，尽快将新技术应用到生产环节当中。

2. 引进生产设备

引进生产设备，指从国外购买生产某种产品的成套设备，相比于引进生产技术，引进生产设备更容易实现，不存在企业双方因技术体系交流不畅而导致的沟通困难情况。引入设备包括自购、招标、代购、承包等方式。

（1）自购。自购，是技术输入方根据专利人或设备制造厂商提供的关于设备型号、规格等资料，直接向设备制造商采购。

（2）招标。招标，是技术输入方直接或委托咨询公司办理公开招标，通过投标的竞争选定中标人，向中标人购买。

（3）代购。代购，是由技术输入方委托承包商代理采购。

（4）承包。承包，即委托承包商承包或咨询公司承包。

3. 引进外来人才

引进外来人才，指从海外市场找寻具有较高专业水准的专业人员，并将其引入企业中，以促进企业的创新发展与创新转型的活动。引进外来人才，先要考察海外人才的专业水准，如果水平与目前企业内的专业人员相差无几，则没有引进的价值，反而会额外耗损大量的活动资金。如果海外人才掌握了领先于国内人才的产业技术，就可以开展引进工作。

4. 引进管理模式

企业由不同的层级所组成，这就要求企业制定科学化、体系化的管理模式，科学的管理能够大幅提升生产效率，并有助于激发员工的工作积极性，充分调动其主观能动性，使其全身心投入工作中。曾经的管理模式多以短期的经济效益为主，而新型管理模式，更加关注的是长远效益，强调长远效益与短期利益的结合；同时，新型管理模式更加人性化，能够根据不同员工的优势与劣势，为其制定不同的工作方案。

（三）技术改造

技术改造，指企业为了提高经济效益、提高产品质量，以促进产品升级换代、扩大出口、降低成本、节约能耗等为目的，采用先进的、适用的新技术、新工艺、新设备、新材料等对现有设施、生产工艺条件进行的改造。

企业进行技术改造，需要遵循特定的原则，以促进改造活动的成功。

1. 技术主导原则

企业生产管理的一切活动都要坚持以技术进步为前提，技术是发展的"原动力"，如果没有始终掌握在手的技术，那么即使能够生产出一定数量的产品，也不具备较强的竞争力。

2. 实际性原则

应当从实际出发，多方考察，采用既适合企业实际情况，又能带来良好经济效益的技术方案。

3. 效益性原则

任何企业都是以盈利为目的的，所以需要在提高经济效益的前提下，实行技术改造，扩大生产能力。

4. 资金节约原则

针对企业的薄弱环节改造，把有限的资金用在最急需的地方。

5. 全员参与原则

技术改造是比较复杂的工作，需要企业调用企业内部一切具有才干的人士共同出谋划策，努力调动各方面的积极性，参与到企业的技术改造当中，以此提高技术改造的效率，丰富技术改造的成果。

第四节 企业生产过程的分析

研究企业生产管理的相关内容，并对企业生产管理进行创新，需要充分了解企业生产过程。对企业来讲，生产过程是其最根本、最主要的环节，任何企业都是通过生产过程将构思转化为现实的、价值性的产品,所以生产过程至关重要,是价值转化的关键阶段,对生产过程进行分析,具有不可取代的意义。

一、企业生产过程的含义

企业生产过程是企业生产系统设计的关键组成部分,分析和设计生产过程,先要明确何为企业生产过程,即企业生产过程的定义。

(一)企业生产过程的定义

企业生产过程,指企业从投料开始,经过一系列加工与制作,直至成品生产出来的所有过程。在生产过程中,主要是员工运用生产工具和生产设备,直接或间接作用于物料,使之成为人们预期的产品。

(二)企业生产过程的要素

企业生产过程包含四个关键的要素,分别为物流过程、制造过程、信息流过程、资金流过程。这四个过程基本贯穿生产过程的各个阶段,不分先后。

1. 物流过程

物流过程,包括物料和资源的搜集、转运环节,也包括产品加工完成之后的仓储、运输环节,可见物流过程伴随生产过程的始终。

2. 制造过程

制造过程,是生产过程的"主干",是对各种原材料加以综合运用的环节,通过制造,实现产品的价值性转化。

3. 信息流过程

信息流过程,指生产活动中,将与其有关的原始记录和数据,按照需要进行收集和处理,并使之朝着一定方向流动的数据集合。

4. 资金流过程

资金流,是指在营销渠道成员间随着商品实物及其所有权的转移而发生的资金往来流程。

（三）企业生产过程的分类

企业生产过程分为三部分，分别为基本生产过程、辅助生产过程、生产服务过程。

1. 基本生产过程

基本生产过程，指构成产品实体的劳动对象直接进行工艺加工的过程，包括机械企业的铸造、锻造等过程；纺织企业的纺纱、织布等过程。

2. 辅助生产过程

辅助生产过程，指为保证基本生产过程顺利开展而从事的辅助性生产活动，包括维修、维护等过程。

3. 生产服务过程

生产服务过程，指为保证基本生产过程顺利开展而从事的服务性生产活动，包括供应工作、运输工作、检验工作等。

（四）企业生产过程遵循的原则

为了达到降低生产成本，提高生产效率，合理运用资源的目标，企业的生产过程需要遵循既定的原则，将原则作为生产过程的"准绳"。

1. 做好生产环节的衔接工作

企业的生产过程比较烦琐，即使是最简单的日用品的生产，也需要多道工序地有机配合。在生产过程中，一定要让各环节、各工序有条不紊地衔接起来，让各个环节始终处于运转状态，保持生产过程的持续性。要避免出现下一道工序早已开始等待，而上一道工序仍未结束的情况，这极易引起生产节奏的紊乱，影响生产效率。

2. 调节好各生产要素的平衡

企业的生产过程是多方共同作用的结果，包括员工、设备等，缺一不可。如果企业的某一种生产要素过强，而其他生产要素较弱，就会引发产业失衡，造成企业生产过程比例失调。例如，员工过多而设备不足，就会造成人力过剩；员工水平不足而设备比较先进，又会造成设备过剩等。所以，一定要做好劳动力与设备之间的协调，使其均衡发展。

3. 处理好生产过程的节奏

生产过程的节奏性是指产品在生产过程的各个阶段,从投料到成品完工入库,都能保持有节奏地均衡地进行。要求在相同的时间间隔内生产大致相同数量或递增数量的产品,避免前松后紧的现象。

生产过程的节奏性应当体现在投入、生产和出产三个方面。其中出产的节奏性是投入和生产节奏性的最终结果。只有投入和生产都保证了节奏性的要求,才有可能实现出产的节奏性。同时,生产的节奏性又取决于投入的节奏性。因此,实现生产过程的节奏性必须把这三个方面统一安排。

实现生产过程的节奏性,有利于劳动资源的合理利用,减少资源的浪费和损失;有利于设备的正常运转和维护保养,避免因超负荷使用而产生难以修复的损坏。

4. 做好生产方式的灵活开展

由于市场不断变化,科学技术不断进步,消费者的审美与需求随着社会不断转变,企业的产品也必须要随着以上不确定因素和变量而进行改变,即朝着多样化的方向发展。企业的生产过程要更加灵活,能够灵活转向,具有较强的应变性。

总之,以上四方面为企业生产过程的基本原则,企业应当严格遵守,以促进自身取得良好的经济收益。

二、企业生产过程的组织

对企业生产过程进行组织,能够有效提高企业的生产效率,明显缩短生产周期。一般来讲,企业生产过程的组织包括空间组织与时间组织两大部分。

(一)企业生产过程的空间组织

企业生产过程的空间组织,指在一定的空间内,合理分配设置企业内部的基本生产单位,促进企业的生产活动高效、有序的进行。生产过程的空间组织具有以下三种典型形式,分别为工艺专业化形式、对象专业化形式、混合形式。

1. 工艺专业化形式

工艺专业化，就是对生产过程进行分解操作的一种形式，是根据生产过程的各个工艺阶段的工艺特点，设置生产单位，并将已经完成相同工艺的设备与员工们组织到一起，运用相同的工艺方法进行加工生产。所以，每一个生产单位，只需要负责整个生产过程中的某一部分，很容易对这段操作过程产生较高的熟练度，有效降低失误率，提升生产效率。工艺专业化最适合企业产品类别丰富、制作流程较长的企业。

2. 对象专业化形式

对象专业化，也称为"对象原则"，指根据产品的差异设置生产单位，将生产产品所需要的不同种类的生产设备与不同工种的员工组织在一起，对产品进行不同工艺方法的加工。这种形式最大的优势在于，能够有效降低生产过程中各种原料、零件的运输次数，优化运输路线，降低生产成本，简化生产步骤。

3. 混合形式

混合形式，是把工艺专业化与对象专业化结合起来，进行生产单位设置的形式，融合了以上两种方式的优势，却也不可避免地吸收其劣势。

（二）企业生产过程的时间组织

企业生产过程的时间组织，是研究产品生产时，在时间上衔接与结合的方式，包括顺序移动方式、平行移动方式、平行顺序移动方式。

1. 顺序移动方式

顺序移动方式，指之前的一道工序完成之后，准备进入下一道工序的这一批产品按照既定的顺序"向下走"，有序地进入下一道工序。其最大的优势在于稳定、有序，更适合零件批量不大、单件加工时间较短、零件重量与价值都比较小的情况。

2. 平行移动方式

平行移动方式，指一批零件中的每个零件在上一道工序加工完成后，立即转移到下一道工序继续加工的移动方式。特点在于，一批零件同时在不同的工序上平行进行加工，明显缩短生产周期。但是由于前后工序时间不同，也会出现停歇时间，且停歇时间分散、不易利用。

这种移动方式比较适用于加工零件单件工时较长、批量较大、零件的重量和价值均较大的情况。

3.平行顺序移动方式

平行顺序移动方式，指将上述两种方式结合起来的一种组织形式。这种方式融合了前两种方式的优点，但计划和组织工作比较复杂。

上述三种移动方式各有特点，它们构成了生产过程中时间组织的基本形式。一般来说，企业选择移动方式应考虑以下几个因素：生产品种与产品的数量、生产单位的专业化形式、产品生产任务的缓急等情况。

第五节　企业质量管理

一、质量管理的含义

质量管理，是管理学领域内，具有管理性质的一项活动，对企业而言，产品的质量管理无疑是至关重要的，只有把好品控大关，产品才能够获得消费者青睐，受到大众的认可。

（一）质量管理的定义

关于质量管理的定义，学者们提出了一些观点。有学者认为，质量管理就是为企业制定市场化的管理。"质量大师"费根堡姆认为，质量管理是为了能够在最经济的水平上并考虑到充分满足顾客要求的条件下进行市场研究、设计、制造和售后服务，把企业内各部门的研制质量、维持质量和提高质量的活动构成为一体的一种有效的体系。可见，费根堡姆的定义较为全面，他认为质量管理不是绝对化、单一化的，而是要根据顾客的需求进行灵活调整,并且还要找到确保质量过关的最低成本,以保证企业的利润。

简单来说,质量管理就是确定质量方针、目标和职责,并通过质量体系中的质量策划、控制、保证和改进来使其实现的全部活动。

(二)质量管理的发展历程

自企业管理者开始意识到产品质量的重要性之后,产品质量管理的发展至今经历了三个阶段,第一阶段为质量检验阶段;第二阶段为统计质量控制阶段;第三阶段为全面质量管理阶段。

1. 质量检验阶段

质量检验阶段是质量管理的早期阶段,这时还未形成完善的管理体系与管理制度。在20世纪之前,社会的生产水平还比较低下,第二次工业革命也尚未结束。有些企业意识到产品质量的问题,认为质量可靠与否将会极大影响企业之后的发展。于是,部分企业开始实行"操作者责任制"制度,这种制度要求一线生产员工对自己所制作的产品负责,依靠自己的技艺进行生产的同时,也要尽量去保证产品的质量,但是这种自检形式的质量检验缺乏公正性。而后以泰勒为代表的科学管理理论开始形成,在该理论的影响下,质量的监管与管理职能交到了工厂手中,这时检验的公正性与科学性比之前的"操作者责任制"有了明显提升。越来越多的企业争相效仿,开始由具有一定权利的小工头进行企业产品质量监管,并取得了一定的效果。

2. 统计质量控制阶段

统计质量控制阶段为20世纪初至20世纪40年代。1924年,美国学者休哈特提出了控制和预防缺陷的概念,这加深了学界对技术控制领域的重视度。随后,美国贝尔研究所又提出关于抽样检验的实践方法,这为产品质量控制提供了有效指导,在这一方法的影响下,之前的质量检验阶段成为"过去式"。越来越多的相关组织与协会开始制定企业质量管理方面的规划,并为之成立专门委员会,这意味着统计质量控制阶段走向成熟。

3. 全面质量管理阶段

进入 20 世纪中叶,各国为了实现经济领域的快速复苏,大力发展国内的各项产业,致力提升生产力。与之前不同的是,这一时期各国不仅要求产品数量上的提升,还注重产品的综合质量,包括产品的耐用性、可靠性、安全性等指标。这就要求,各企业要对产品加工的各个过程制定相应的质量管理制度与实施方案,以确保产品的整体质量保持比较优质的状态。久而久之,这种注重产品整体质量的观念深入人心,市场对产业的发展也有了更高的要求。

二、质量管理的方法

根据近年学者的研究与总结,质量管理的方法一般有七种,分别为调查表、分层法、排列图、因果图、直方图、散布图、流程图,以下分别对这几种方法进行介绍。

(一)调查表

调查表,也称为核查表、检查表、分析表,是按照系统工程分析方法,对某生产系统进行全面分析之后,从中找到潜藏的风险,最后以提问的方式将风险列举出来制成的表格。调查表经常用于其他工具的前期统计环节,可以对数据进行整理与初步分析。

根据工作目标,调查表又可以分为点检用查检表与记录用点检表两种不同的类别。其中,点检用查检表,是设计时仅作是非或选择的标记,以确认作业执行、仪器维护的进程和状况,从而确保安全运转,排查隐患,避免事故。例如,教育训练查检表,设备保养查检表等;记录用点检表,主要用于搜集计划资料,以应对不良原因和不良项目的记录,基本操作方式是把数据分成多个项目,再用符号、划记、数字进行记录的表格或图形,有时也被称为改善用查检表。两种调查表各具特点,前者能够看出数据在哪一个项目上,后者能够有效预防事故或错误发生。

(二)分层法

分层法,也称为层别法,是对产品进行质量因素的分析、预判、测算时,为了避免因数据杂乱,而难以得出准确结果,导致质量结果出现失误,所使用的分析与整理方法。分层法能够根据各种数据的不同来源,对其进行详细分类,以确保进一步的分类研究,从而找到内在的统计规律。

运用分层法,需要遵循特定的原则,如按时间分层、按操作者分层、按使用设备分层、按原材料分层。

(三)排列图

排列图,也称为巴雷特图,是通过找到影响产品质量的重要因素,而对其进行分析和排列的图标方法。

1897年,意大利经济学家帕累托首先创造了这一方法,进入20世纪,排列图法在欧美地区得到广泛发展。例如,1907年,美国经济学家劳伦兹使用累积分配曲线描绘该图表,被称为"劳伦兹曲线";1930年,美国朱兰博士对"劳伦兹曲线"进行研究,将其运用到企业的产品品质管理方面。

20世纪后期,排列图法逐渐从欧美国家传入亚洲,日本的石川磐在推行自己发明的产品时也使用了这种方法。之后,排列图法便广为人知,为学者们广泛应用。

使用排列图,主要是因为该方法计算简单,能够一眼看到改善点,找到问题比较容易,并且能够从视觉上直观地、快速地感觉出问题的大小,具有较强的说服力。

在使用排列图时,有以下几点需要注意。

(1)排列图需要保存,将改善之前的排列图与改善之后的排列图进行对比,能够直观有效地评估排列图的改善成果。

(2)排列图进行分析时,不需要审查所有内容,只针对前面的2~3项进行分析即可。

(3)排列图的分类项目要适中,不要过多或过少,一般在5~9项最为合适。

(4)排列图做成之后需要进行初步审查,如果发现各项目配比不够均衡,则需要重新排列。

(5)排列图是管理者所使用的质量管理手段和方式,并不是最终目的。

（6）其他项目如果大于前面几项，应当对其进行分析，并加以层别，审查其中是否存在一些问题。

（7）一般进行排列图分析是依次进行，如果第一项就面临较大的问题，难以快速解决，那么不妨先跳过，暂时避开，从后面的项目入手，之后再返回来分析第一项。

管理者要明确排列图的制作步骤，按照既定的步骤进行排列图的制定与分析，如图5-4所示。

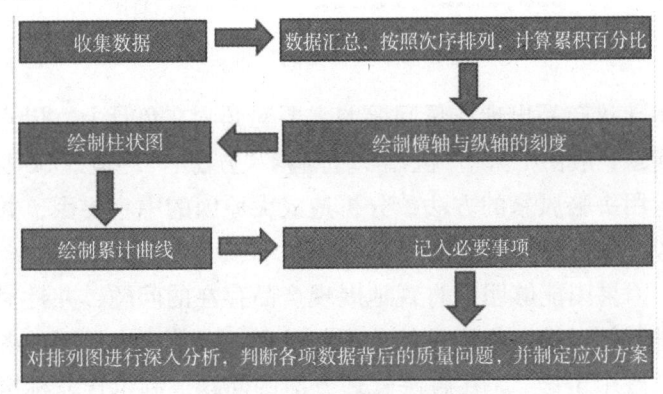

图5-4 排列图制作步骤

（四）因果图

因果图，也称为石川图、鱼骨图，是一种发现问题的根本原因的分析方法，由日本管理大师石川馨发明，该方法能够有效分析产品质量问题背后的原因，排除其他干扰因素，并判断影响质量的主要因素。按照学界的定义，因果图，指一个问题的特性受到一些要因的影响，需要将这些要因进行整理与分析，而制成相互联系的条理性图形。

因果图一般有三种类型，分别为整理问题型因果图、原因型因果图、对策型因果图。

制作因果图时，应按照以下步骤来进行。

1. 准备过程

（1）找到产品质量存在的问题，明确问题点，如产品不良率较高，客户投诉率较高，产品尺寸误差较大等。同时，针对这些问题点提出改进的预期效果,如提升产品质量,降低投诉率等。

(2)与同事共同组成绘图协作小组,准备齐全绘制工具,包括图纸、彩笔等,成员以4～10人为宜。

2.绘制过程

(1)绘制因果图(鱼骨图)的"骨架",即纸张的中央绘制一条从左至右的箭头,并在箭头的右端标明"特性",如图5-5所示。

图 5-5 鱼骨图的"骨架"

(2)将导致产品出现质量问题的主要问题画在鱼骨上,以直线连接起来。主要问题一般由"人""机器""原料""方法""环境"等引起。

(3)运用头脑风暴的方法,分析造成大原因的中小要因,并将其绘制在大原因旁,以直线和箭头连接。

总之,因果图能够明显直观地展现产品存在的问题,并针对各个主要的问题,进行针对性、集中性的分析与处理,以造成大原因的各个要因为小突破口"逐个击破"。在解决管理方面的问题、制定作业标准、引进质量管理、准备对新人培训时均可使用该方法。

(五)直方图

直方图,也称为质量分布图,是用若干相互紧挨着的宽度相同而高度不同的长方形来表示数据的图形。长方形的宽度表示数据范围的间隔,高度表示在给定的间隔内数据的数目,变化的高度形态表示数据的分布情况。

直方图是一种二维统计图表,它的两个坐标分别是统计样本和该样本对应的某个属性的度量。通过观察直方图,能够直观地发现产品的各项指标是否符合企业的质量标准与受众的期望。如果产品的质量相关数值与指标与既定的目标与要求相差较多,意味着产品存在着明显的质量问题,管理者应当对此制定相应的方案,以加强质量管理,提升产品质量。

通常情况下,质量分布的标准形状是正态分布。运用直方图进行观察时,一是分析所绘直方图是否符合标准分布;二是与质量规格进行比较,计算过程能力指数。

（六）散布图

散布图，又称散点图、相关图，是用非数学的方式来辨认某现象的测量值与可能原因因素之间的关系。运用散布图的方式进行质量分析，具有快捷、易于交流、易于理解的特点。

散布图包括强正相关、强负相关、弱正相关、弱负相关、不相关、曲线相关几种类别。

（七）流程图

流程图，也称作输入—输出图。该图可以直观地描述工作过程的具体步骤。流程图对准确了解事情是如何进行的，以及如何改进工作过程极有帮助。这一方法可以用于整个企业，以便直观地跟踪和图解企业的运作方式。

第六章 企业营销管理

第一节 市场营销的基本内容

一、市场与市场营销

市场营销是经济学的重要名词,也是理解市场学与经济学的关键范畴。企业与市场接轨,无时无刻不处于市场之中,市场营销活动是否出色,决定着企业是否具有更加广泛的受众群体。所以,企业营销要获得更加广阔的发展空间,必须深入研究市场营销的理论体系,并制定更适应时代潮流发展的营销管理方案。

(一) 市场

1. 市场的定义

如今,学者们从不同的角度,对市场的定义进行了解释,可以说,哪里有商品生产和销售,哪里就有市场。

有学者认为,"市场是商品交换的场所。它是指买卖双方购买和出售商品，进行交易活动的地点或地区"❶。这一定义是对市场的狭义解释，针对其交易性与消费性。此外，也有学者从经济学、管理学的视角，提出了不同的观点。在经济学的角度，有学者认为"市场是商品交换关系的总和"❷。在管理学的角度，有学者认为"市场是对某种商品或服务具有需求、有支付能力并且希望进行某种交易的人或组织"❸。从市场营销者的角度出发，也有人认为"市场是某项商品或服务的所有现实和潜在的购买者"❹。

总之，对于市场定义的阐述，在学界一直是莫衷一是。最为多数人所认可的观点，即市场的广义定义，认为市场是指为了买和卖某些商品，而与其他厂商和个人相联系的一群厂商和个人。

2.市场的要素

市场的构成包含几方面要素，由这些要素的配比，组成了我们常规意义上的市场。一般认为，"市场＝人口＋购买力＋购买欲望"，可见，市场由三个要素构成，如图6-1所示。

图6-1 市场要素

（1）人口。人口是市场中最为基本的要素，人口多少代表了消费者数量的多寡。消费者数量越多，则意味着市场的规模越大，相关的产品发展前景就越好；消费者数量越少，则意味着市场的规模越小，相关的产品发展前景就越差，与之相关的产业也应当实行紧缩式的发展模式。

（2）购买力。购买力指消费者使用货币购买产品能力的大小，购买力

---

❶ 万华,卢晶:《市场营销学》,北京,国防工业出版社,2014: 3。

❷ 同上。

❸ 同上。

❹ 同上。

从侧面反应了消费者的消费心态,以及社会的经济状况。

(3)购买欲望。购买欲望指消费者购买商品或服务的内在动机,由消费者的心理与生理共同引发,产生购买欲望,是消费者将潜在的购买力转化为现实购买活动的必要条件。

人口、购买力、购买欲望三个要素是互相联系、互相影响的一个辩证统一体。探寻市场发展的规律,必须对这三个要素进行深入分析。

3. 市场的类型

按照不同的划分方法,市场被分为不同的类型。

(1)按照购买者的购买目的与身份进行划分,可以分为消费者市场、生产商市场、转卖者市场、政府市场。

(2)按照企业的角色进行划分,可以分为购买市场、销售市场。

(3)按照产品或服务攻击方的情况进行划分,可以分为完全竞争市场、完全垄断市场、垄断竞争市场、寡头垄断市场。

(4)按照交易对象的用途进行划分,可以分为生产资料市场、生活资料市场。

(5)按照交易对象是否具有物质实体进行划分,可以分为有形产品市场、无形产品市场。

(6)按照交易对象具体内容进行划分,可以分为商品市场、技术市场、金融市场、信息市场、劳动力市场。

(7)按照人群标准进行划分,可以分为妇女市场、儿童市场、老年市场。

(8)按照地理位置进行划分,可以分为国内市场(东部市场、西部市场、南部市场、北部市场、中部市场)、国际市场。

(二)市场营销

市场营销,又称为市场学、行销学等。

1. 市场营销的定义

关于市场营销的定义,历来众说纷纭,学者们结合学术经验与研究成果对这一定义有着丰富的结论,而非学界人员,即市场领域的工作者与企业专员也对此有着独到的见解。

（1）美国市场营销协会所下的定义。美国市场营销协会对市场营销有着丰富的研究，并对其定义进行了解释说明。1960年，美国市场营销协会表示："市场营销是引导货物和劳务从生产者流转到消费者或用户所进行的一切企业活动。"❶1985年，该协会对市场营销进行了修订并表示："市场营销是关于构思、货物和服务的设计、定价、促销与分销的规划及实施的过程，目的是创造能实现符合个人和组织目标的交换。"❷进入21世纪，该协会仍未停止对市场营销的研究，并于2004年提出市场营销的新定义，即"市场营销既是一种组织职能，也是为了组织自身及利益相关者的利益而创造、传播、传递客户价值，管理客户关系的一系列过程。"❸2013年7月，该协会再次对市场营销下了定义，认为市场营销是在创造、沟通、传播和交换产品中，为顾客、客户、合作伙伴以及整个社会带来价值的一系列活动、过程和体系。

可见，美国市场营销协会对市场营销的研究逐渐深入，其定义所涵盖的内容也逐渐丰富起来。

（2）美国学者所下的定义。美国许多学者对市场营销所下的定义也在变化。最具代表性的莫过于"现代营销学之父"菲利普·科特勒。他曾于1967年出版的《营销管理》一书中对市场营销下定义，并做出相应的解释。之后，科特勒对相关内容进行了适当的修改与完善，于1985年所出版的第五版《营销管理》中表示："市场营销是个人和集体通过创造并同别人交换产品和价值以获得其所需之物的一种社会活动。"❹之后，科特勒在第十二版著作中再次对市场营销进行了丰富和创新，他认为："市场营销是个人和集体通过创造、提供出售、同别人自由交换产品和服务的方式以获得自己所需产品和服务的社会过程。"❺

此外，格隆罗斯认为，"市场营销就是在变化的市场环境中，旨在满足消费需要、实现企业目标的商务活动过程。"

---

❶ 万华，卢晶：《市场营销学》，北京，国防工业出版社，2014：4。

❷ 同上。

❸ 同上。

❹ 同上。

❺ 同上。

总之，美国的学术组织、团体，著名学者对市场营销的研究十分充分，对市场营销的理论研究成果颇丰，这为我们研究市场营销，并进行营销管理的创新提供了可靠的基础与保障。

笔者认为，市场营销可以从狭义与广义两个方面进行理解。狭义的市场营销，指常规意义上，以销售产品获取利润为目标，以消费者为客体的一系列吸引、销售活动；广义的市场营销涵盖面较广，包括产品自生产之初，企业管理者对产品的构思，以及之后一系列的加工、包装、销售等环节，可以说商品自生产以来，就被赋予了生产者的营销思路，具备了一定的营销性质，而其最明显的体现，就是市场中的贩卖、购买等交易过程。

2. 市场营销的要素

市场营销的要素主要包括产品、价格、渠道、促销，在不同学者的眼中，几个要素可能略有差异。

（1）产品。产品是企业生产活动的产物，更是营销活动的主体，营销人员最根本的目的就是把产品卖出去，从而为企业带来收益。产品包括有形产品与无形产品，有些产品是生活必需品，也有些产品是服务性产品，但无论哪一种，产品的品质必须要有保障，具有其特有的市场竞争力。至于产品是否应当标新立异，笔者认为应当具体分析，如果产品标新立异能够吸引更多的顾客，那么不妨进行尝试。

（2）价格。价格是相对于产品的品质而言的要素。如果产品质量过硬，功能完善，能够满足消费者的需求，那么价格可以适当提高。但是究其根本，价格要与生产成本相联系，成本包括研发、生产、推广、销售等。

（3）渠道。针对不同产品的特性，打通不同的销售渠道。如果是人们日常使用较多的产品，可以走亲民路线，打通低端渠道，靠"走量"赚取利润；如果是少量人群使用的高端产品，一定要走高端路线，做好市场定位。渠道的定位相当关键，一旦定位错误并付诸实施，想要进行修改，则会异常困难。

（4）促销。促销是营销人员对消费者传递利于达成交易的信息的活动，促销伴随着大量沟通，包括肢体表现、语言表现等。如何在有限的时间内，向消费者尽可能多地展现产品的优势，并促进交易达成是一门学问。较为常见的促销手段有广告、推销等，但广告和推销不代表促销的全部。

二、市场营销观念发展历程

市场营销观念,是企业在准备开展市场营销活动之前,以及活动开展过程中,对待企业、顾客、社会三者利益所持的态度、思想、意识的总和,即企业进行营销管理所遵循的指导思想体系。自市场活动产生以来,社会各企业的市场营销观念发生了明显的变化,主要可分为传统营销观念与现代营销观念。

(一) 传统营销观念

传统营销观念包括生产观念、产品观念、推销观念。

1. 生产观念

生产观念产生于19世纪末,这一时期西方第二次工业革命已经接近尾声,许多国家的生产力和科技水平都有了明显的提升,资产阶级在新技术的带动下,有了迅猛的发展。

越来越多的企业出现于社会中,同时越来越多的企业进行产业转型,由小规模向大规模转变。

先进的资本主义国家都有着比较良好的社会经济环境,市民的经济条件逐渐向好,越来越好的物质条件使得人们有了更高的物质需求,这进一步刺激了社会各企业的发展。于是,企业开始集中精力扩大生产规模,提升生产效率,产量与日俱增。

值得注意的是,虽然企业是因为受众有了需求,才进行扩张与增产,但是其重心却并未放在顾客身上,而是认为,"我们生产什么,就卖什么",这是一种典型的以企业为主的观念,只注重企业的生产活动,并未意识到市场营销的重要性。这时的企业普遍认为,只要自己的产业够大,就能够赚取高额利润,有更好的发展。

2. 产品观念

20世纪初,资本主义在西方社会进一步发展,社会的生产力明显提升,生产方式持续转变。面对越来越多的商品,消费者逐渐产生了一些新的想法,他们开始对越来越多的同质性的商品产生了自主选择性。例如,越来越多的群体喜欢高质量、功能全的商品,即使价格高一些也并无大碍。

这就使得企业开始把发展的重心放在提升产品品质方面。越来越多的企业认识到，产品的品质更重要，消费者都喜欢高质量的产品，这就促进企业开始在"精益求精"的道路上发展。

3. 推销观念

20世纪30年代至40年代，生产力持续发展，市场的主动权逐渐从作为卖方的企业手中转移到买方手中，许多产品开始供过于求，为了与其他同质化产品在大规模的市场中区别开来，企业开始转变观念，从此，推销观念开始萌芽。

在这种观念的影响下，越来越多的企业营销策略开始转变，从最初的重视质量，转变为注重推销活动，希望通过大量促销来吸引消费者。不过，这时企业都是推广产品，说服消费者，甚至强制消费者购买，其行为虽然体现为促销，但仍然是"产定销"的旧有观念。

（二）现代营销观念

现代营销观念，是与传统营销观念相对的观念，相比传统营销观念，这种"新观念"更加符合时代潮流的发展，更加符合消费者的购买心理，也更能使交易达成。

与之前的传统营销观念最大的区别主要体现在以下几点：营销重点不同，传统营销观念的重点是产品，现代营销观念的重点是消费者；营销手段不同，传统营销观念的手段是生产和推销，现代营销观念的手段是总体营销活动；营销的最终目的不同。

1. 市场营销观念

市场营销观念与之前的生产观念形成了强烈的反差，之前的企业表示"不管顾客需要什么，我只有这一种"，如今的企业表示"不管顾客需要什么，我都可以生产"。可见，这种观念的转变是一种质的飞跃。市场营销观念包含以下几个重要的特点。

第一，明确市场中消费者的需求。"知己知彼，百战不殆"，明确消费者的需求，只有朝着他们的需求生产和改良商品，才能够有更好的销量。只有了解目标市场，才能够制订出最具针对性、现实性的营销方案，才能够让顾客获得更好的体验。

第二，努力迎合消费者的需求。传统营销观念时代，各企业以产品为主，重点关注产品品质的提升，并没有把产业与市场巧妙结合，由于市场在这一时期发展尚不完全，故企业无须担心销量和竞争的问题。随着社会不断发展，同质化产品越来越多，出现供大于求的局面，消费者有了更多的选择，这就意味着，各企业出现了越来越多的竞争对手，而打败其他对手的关键，就在于抓住消费者的"心"。如何使产品适销对路，如何迎合消费者，成为各企业管理者要思考的重要问题。可见，这时的产销过程变成了"需求—生产—销售—消费"的过程。

第三，将整合营销作为重要的经营方式。整合营销主要有两重含义，分别为企业的各种营销职能彼此协调、企业必须以顾客为中心来驱动。

第四，愈发重视企业长远的发展。在现代营销观念出现之前，企业最注重的是眼下的利益，管理者所思考的问题是，如何在短时间内快速赚取足额的利润。至于企业未来的发展，行业未来的发展方向，则一概不予考虑。这也导致一切企业基本上没有任何的后续服务，产品售出之后，则意味着企业与消费者之间的联系完全断开。而随着营销观念的定型，越来越多的企业在追求利润的同时，开始注重企业的长远发展，管理者认为，对利润的追求，也要建立在满足消费者需求的前提之下。这就意味着消费者感受到满足的程度越高，企业未来发展的前景越广阔，盈利的可能性越充足。

2. 社会市场营销观念

20世纪70年代至80年代，西方国家的经济水平上升到了前所未有的高度，但是经济的快速增长，资本家的财富快速积累，也带来了一些负面的影响。在这样的环境下，西方社会逐渐暴露出一些"弊病"。例如，爆发经济危机，无数人面临失业，无数企业家面临破产；与之相伴的还有能源短缺的问题；同时，消费者意识觉醒，消费者维权活动与保护活动越来越多。

这时，越来越多的人对市场营销观念持有怀疑态度，他们认为企业所施行的市场营销措施，以及他们所一贯秉持的消费者为主的观念，都是虚假的，这使得许多企业都出现顾客流失、销量降低的情况。

为了解决以上问题，许多企业管理者四处请教，寻求解决方案。科特勒也把这一问题纳入自己的思考范围之内，他表示，可以对之前的市场营销观念进行改良，所以出现了社会市场营销观念。这种观念要求满足消费者的需求和欲望，由此获得企业的利润；要符合消费者自身乃至整个社会的长远利益，更要正确处理消费者的欲望、企业利润、社会整体利益之间的矛盾，以求得三者的平衡协调发展。

这种新观念，显然与之前的市场营销有着明显的不同，它更加注重长远规划与公众利益。

三、市场营销环境分析

市场营销环境深刻影响着营销活动的开展与走向，从而影响企业的未来发展。

科学有效地营销管理应当以正确的市场营销环境分析为前提，那么什么是市场营销环境？

（一）市场营销环境的定义

学界关于市场营销环境的定义比较统一，多数学者认为"市场营销环境是企业营销职能外部的不可控制的因素和力量，这些因素和力量是影响企业营销活动及其目标实现的外部条件，包括宏观与微观两个方面的因素。"❶

微观市场营销环境（直接营销环境），是与企业密切相关，并且能够直接影响企业营销能力与效率的各种力量的综合。

宏观市场营销环境，是企业无法直接控制的因素，它通过影响微观环境，从而影响企业营销能力与效率。

（二）市场营销环境的内容

综上，市场营销环境由宏观环境与微观环境共同构成，其主要内容如图6-2所示。

---

❶ 郑屹立：《市场营销》，北京，北京理工大学出版社，2015：53。

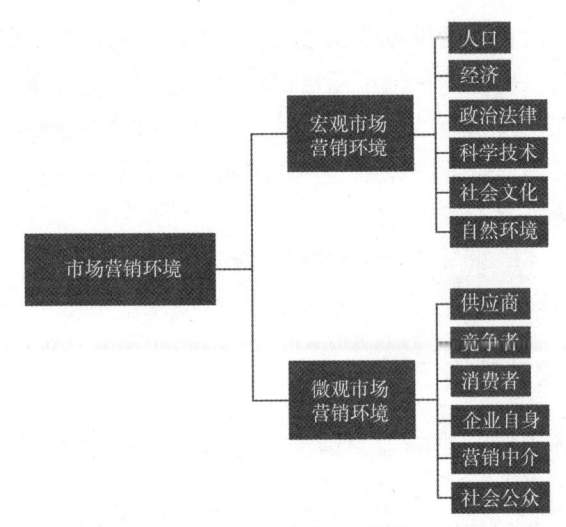

```
市场营销环境 ─┬─ 宏观市场营销环境 ─┬─ 人口
              │                    ├─ 经济
              │                    ├─ 政治法律
              │                    ├─ 科学技术
              │                    ├─ 社会文化
              │                    └─ 自然环境
              │
              └─ 微观市场营销环境 ─┬─ 供应商
                                   ├─ 竞争者
                                   ├─ 消费者
                                   ├─ 企业自身
                                   ├─ 营销中介
                                   └─ 社会公众
```

图 6-2　市场营销环境

1.宏观市场营销环境

宏观环境主要包括人口环境、经济环境、政治法律环境、科学技术环境、社会文化环境、自然生态环境等。

（1）人口环境。人口是组成市场环境的根本要素，人口的数量直接关系未来市场的消费者潜力，如果人口数量较多，那么潜在的客户数量也就越多。同时，人口数量之外的其他因素也与市场营销息息相关，如人口的年龄构成、性别比例、教育程度等。对人口环境进行分析，应当从人口数量、人口结构、地理分布、家庭构成、教育程度等几方面来展开。

（2）经济环境。经济指影响企业发展趋势，关乎企业发展规模，以及群众消费习惯的重要因素。简单理解，经济环境是市场中人们的普遍收入水平，如果收入水平较高，意味着人们的购买力较强，那么企业的营销活动越容易达成目标；反之则比较困难。当然，全部的经济环境却不止于此，还包含社会的经济发展水平，金融相关领域的现状等。

（3）政治法律环境。市场的发展受到政治与法律的制约，任何企业的发展规划与行业方向都应当符合政府的相关要求，政府就像"一双无形的手"操控着市场，调节着市场营销活动的发展方向；而法律、法规、条文等更加细致地规定了营销的具体活动和行为准则。

（4）科学技术环境。"科学技术是第一生产力",足见科学技术对社会发展的促进与推动作用。同时,科学技术也是市场营销环境中的重要组成部分,科学技术影响着企业的发展水平,并与经济环境相联系,对市场有着极大的影响。如果企业掌握着比较先进的科学技术,那么不仅可以进行技术上的革新,提升产品力,还可以运用科学技术实现高效率、宽领域的营销活动,可见,科学技术环境给营销活动创造了机遇。

（5）社会文化环境。社会文化环境,指社会中与文化相关的各种因素,包括社会阶层、风俗习惯、审美观念、宗教信仰、价值体系、消费追求等方面。

文化,是人类社会经过漫长的历史发展,逐渐形成并积淀而成的精神财富与物质财富的总和,体现了古代人民的勤劳与智慧。在当代社会,文化总是在人们的不经意间显露出来,而更重要的是,文化以内在的形式存在于人们的思维层面,影响着人们的行为习惯,当然也影响着人们的消费习惯。文化除了具有这种悠久性、延续性,还具有十分明显的多样性,在不同的地理区域,不同的民族存在着千差万别的文化体系。例如,在不同的民族眼中,具有价值的事物也明显不同。企业制定市场营销活动,应当结合实际情况,与各地区各民族的文化底蕴相结合,分析文化环境,准确把握消费者需求,才能够制定出最科学、最可行的营销方案。

（6）自然环境。市场营销领域的自然环境,与自然科学专业中的自然环境不同,并不是指大自然的整体环境,而是指自然界能够给人类提供的自然物质资源的综合,主要包括森林资源、矿产资源、煤炭资源、水资源等。对许多依赖于自然资源的企业来讲,自然资源的充沛与否,直接关系企业未来的发展。所以,企业应当在发展的同时,兼顾环境保护工作,力图实现真正的可持续发展,适应世界环保潮流,也有利于企业的长远利益。

2.微观市场营销环境

微观市场营销环境主要包括供应商、竞争者、消费者、企业自身、营销中介、社会公众等。

（1）供应商。供应商指向企业提供生产活动所需要的各种资源的企业或个人,供应商所提供的资源一般为各种物料,包括零部件、设备、能源、各种闲杂用品等。供应商是企业进行生产活动与营销活动的源头保障,没有供应商，企业会缺乏将资源转化为商品的物质基础。供应商对营销活动的影响体现在供货的稳定性与及时性、供货的价格、供货的质量等方面。

（2）竞争者。竞争者指与企业存在着竞争关系，处于相同行业，具有同质化产品的其他企业。竞争者会与企业形成明显的竞争环境，面对不同的竞争者，企业需要保持谨慎的态度，并时刻调整营销方案，采取不同的竞争对策。竞争者主要包括愿望竞争者、一般竞争者、产品形式竞争者、品牌竞争者。其中，愿望竞争者是提供不同产品，满足不同消费欲望的竞争者；一般竞争者是其他企业产品能够替代自身产品的企业；产品形式竞争者是满足同一消费欲望的同类不同产品形式之间的竞争；品牌竞争者是满足同一消费欲望的同种产品形式不同品牌之间的竞争。

（3）消费者。消费者是企业生产、营销、服务活动的对象，是企业收入的根本来源。企业要找准消费者的需求与购买动机，深入分析消费者的消费习惯，并重点区分不同消费者的特性，以对其采取不同的营销手段。

（4）企业自身。企业自身指企业市场营销活动相关的各部门、各管理者，是企业内部的决策层。他们能够对企业未来发展做出明确的规划，对企业的市场营销活动起到关键的决策作用，各职能部门应当在最高领导层的领导下，尽可能发挥自身的主观能动性，针对市场需求，制定营销方案，并对市场营销的"前线"员工进行明确分工。

（5）营销中介。营销中介指帮助企业发布营销信息，宣传企业产品，提升企业产品知名度，有利于营销活动顺利进行，并给消费者提供相应的保障与服务的机构。营销中介属于企业与消费者之间的中间环节，是二者连接的"桥梁"，能够有效促进二者的沟通，传递营销信息，开展营销活动。对许多企业而言，只有通过营销中介的辅助，才能够顺利完成营销活动，他们能够精准对接目标客户群，如生产集中和消费分散的矛盾都可以由营销中介妥善解决。一般营销中介包括中间商、实体分配公司、营销服务机构、金融中介机构。其中，中间商是帮助企业找寻消费者的商业企业；实体分配公司是帮助企业把商品从原产地运输到销售地的物流公司，该类型公司的主要工作包括包装、货运、搬运等；营销服务机构是帮助企业进行市场调研、获取市场情报、了解市场发展趋向，以及帮助企业进行市场定位的公司；金融中介机构，一般是银行、信贷公司等。

（6）社会公众。社会公众指对企业实现营销目标能力具有利害关系，或潜在影响的个人或团体，一般包括融资公众、媒介公众、政府公众、社团公众、社区公众、一般公众、内部公众等。

（三）市场营销环境的特点

市场营销环境具有六个特点，分别为客观性、特殊性、联系性、多变性、双面性、多样性。

1. 客观性

客观性，指客观存在，不以人的意志为转移的性质。任何企业都处于社会之中，不同的社会时代有着不同的市场环境，市场环境伴随时间的变化、时代的发展而变化，但是却不会因营销者的意念而发生变化。我们虽然能够了解市场营销环境，并对其进行研究，但却无法以我们的力量去控制它，这便是其客观性最明显的体现。

2. 特殊性

不同的时代有着不同的时代特点，即使在相同时代之下，不同国家、不同区域又存在着不同的社会情况、文化环境，总之，世界上存在着各种不同的市场营销环境。同样的市场营销方案，放在中国市场，与放在欧美市场，会产生截然不同的结果。这就表明，市场营销环境具有特殊性，其特殊性主要由区域差异所决定。另外，同样的环境因素，对不同企业的影响也有所不同，如石油危机对原油业有着巨大地冲击，却对服装产业没有明显地影响。

3. 联系性

联系性，指营销环境中各要素相互联系、相互影响，任何一个因素的变化，都很有可能会引起其他因素随之变化。一方面，构成营销整体环境中某一因素的变化，会引起其他因素的互动与转变。例如，我国政府提出乡村振兴战略，主要措施是乡村中的产业振兴，这同时也推动了乡村旅游行业的发展，切实拉动了乡村经济发展；另一方面，企业营销活动受到各种环境因素的影响。例如，企业想要开发和研制新产品，先要经过政府部门的允许，符合相关部门的标准，还要符合大众的购买意愿，满足他们的购买需求等。可见，营销活动并非简单的推销、广告，而是一个十分复杂的活动，它与市场中各因素普遍联系在一起。

4. 多变性

多变性，指市场营销环境永远处于不停地变动之中，无论何时，它都不是一个固定不变的环境，而是不断运动的"有机体"。正如上文所述，市场营销环境包括宏观环境与微观环境，它涉及社会的政治、经济、法律、文化等层面，也与各企业、各消费者紧密相关，而以上的这些因素，都是随着社会的发展进步不断变化的。

5. 双面性

市场营销环境具有双面性，所谓双面性，指市场营销环境中既包含着有利于营销活动开展的有利因素（市场机会），又包含着不利于营销活动开展的不利因素（市场威胁）。在市场中，任何企业都应当全面考察市场，充分辨识市场中所存在的机遇与挑战。在认清市场环境后，要准确把握机遇，从纷繁复杂的市场中找到适合企业开展营销的有利因素，促进企业发展，拓宽销售渠道。同时，要尽量避免市场威胁，防微杜渐。

6. 多样性

多样性，指市场营销环境的影响因素十分多样，涉及社会中多个领域，它们通过不同的方式，对市场营销活动产生着不同的影响。企业应当认清市场营销环境的这一特点，充分考察能够影响营销的因素，并尽量使更多的因素变为可控因素。

第二节 营销管理的基本内容

一、营销管理的五种需求

成功的营销管理，能够统筹兼顾，规划全面，考虑到企业发展涉及的各个方面，能够满足多方的需求。如果企业的营销过程只能满足企业自身的经济需求，而无法满足其他目标的需求，那么这种营销管理则是不成功的。营销管理一般需要满足以下五种需求，即满足企业的需求；满足消费者的需求；满足经销商的需求；满足终端的需求；满足销售队伍的需求。

（一）满足企业的需求

对任何企业来讲，经济效益永远是第一位的，如果企业不把经济作为根本目的，那么企业将失去继续运转的物质基础，只会走向消亡。所以，企业营销管理必须先满足企业自身的需求，要通过各种渠道、各种方式获得利润回报。由于企业发展过程中各阶段的特殊性和局限性，在不同时期企业有着更为具体的需求，管理者必须明确企业的需求，针对不同的需求做好营销管理工作。

在企业的市场萌芽期，企业刚刚进入市场甚至准备进入市场时，面临的问题是如何迅速获得启动资金，如何拥有资本的原始积累。这时，企业的需求是快速吸金，促进市场快速打开，会采取一些比较激进的营销政策，如高提成、高返利、做大户等，这能够使企业在短期内迅速获得资本的积累，以便开展后续的工作。

在企业的市场发展期，企业已经有了一定的物质基础，并在行业之中获得了一小部分的市场份额。这时，企业面临的最大问题不是资金的短缺，最需要的不是快速积累资金，而是打败涌现出来的大量同质化产品背后的竞争对手，企业需要开发更多的产品种类，以提升市场竞争力。

在企业的市场成熟期，企业已经有了较高的市场份额，已经在市场中"站稳脚跟"，大量的资本与完善的产业链使企业有了雄厚的支撑。在这时，企业所需要的不是快速赚钱与推陈出新，而是求稳，如何让企业保持现有的规模与收益，如何让企业继续延长生命周期，成为关键需求。

在企业的市场衰退期，企业已经开始"走下坡路"，所需要的是尽快回收投资和变现。

总的来看，企业必须先满足自身的需求，但是由于企业不同发展阶段的特性与目标不同，其需求也有所区别。作为管理者，必须明确根本需求，并立足现实，具体情况具体分析，尽力满足不同发展阶段企业的特殊需求，之后，就要考虑消费者的需求。

（二）满足消费者的需求

作为消费者，最希望自己购买的商品，能够更大限度地满足自己的需求。简单来说，消费者都希望"花小钱，办大事"，希望自己购买的商品价格低廉、品质可靠。作为企业的管理者，必然要摸索消费者的心理，了解消费者的需求，但是碍于成本的"把控"，品质与价格似乎总是成反比，更在乎产品的品质，价格必然较高；更在乎产品的价格，品质必然较低，这就需要一个平衡点，而这个平衡点就是管理者最需要掌握的关键。

任何营销活动，都应当在保证产品质量的前提之下，尽可能减少成本，降低价格，从而薄利多销。如此一来，不仅有效增加了企业的销量，还满足了消费者的需求（买到物美价廉的产品）。要严格杜绝为了短期利益，而降低产品质量，忽视品控，欺骗消费者的行为，如果为了眼前的利益，损害消费者的合法权益，最终等待企业的只能是法律与道德的双重审判。

（三）满足经销商的需求

企业还需要满足经销商的需求，或许对某些企业而言，它们并不需要经销商，但是多数的企业都与经销商有着难以割舍的联系，处理好与经销商的关系，满足经销商的需求，才能更稳定、更长久地售卖自己的产品，稳定自己的市场。

经销商的需求主要包含三个方面，分别是销量、利润、渠道。首先，经销商需求的是具有市场前景，具有广泛受众的商品，如果企业所要出售的产品比较小众，受众群体很少，产品难以在短时间内转变成资金收益，那么经销商一般不愿意接手；其次，经销商同样注重利润，产品经过经销商，再流入市场，如果能够赚取比较高额的毛利，经销商同样会感到满意；最后，经销商需要广阔的渠道，但是一般的经销商可能缺乏管理经验，无法建立好产品渠道，企业这时帮助他做好管理，开拓渠道，也能够满足经销商的需求。

（四）满足终端的需求

在经济领域，终端指市场的末端，连接着厂家与消费者，其主要表现形式包括商场、超市、直营店等。可见，终端是消费者最为常见、最为普遍的消费场所，终端的需求是否能够被满足，决定了产品是否能够大面积呈现在消费者眼前。

对终端而言，虽然一般都是盈利的，但由于最初终端需要投资以及维护，所以面临较大的风险，这意味着终端如果经营不好，很可能成为一个"费力不讨好"的角色。不可避免地，终端对厂家也有着更多的要求，如希望加盟费能够低一些；希望能够多售卖一些比较热销的产品；希望进货的价格能够低一些等。作为企业的管理者，为了企业未来的长远发展，以及更加广阔的销售渠道的拓展可以适当满足终端的需求。但是，在满足终端需求之前，必须把好成本大关，在保持盈利或不亏损的前提下，尽可能以更低的价格将产品提供给终端。

（五）满足销售队伍的需求

销售队伍，是企业的主干，是企业进行市场营销活动的"先锋军"，任何营销活动都少不了销售队伍的身影，无论是在市场中还是在网络上，他们总是为了企业产品的销量忙前忙后。但是对绝大多数的企业来讲，他们往往无法充分满足销售队伍的需求。所以，许多管理者重视竞争对手，生怕被对手抢占了自己的市场，但是却未料到，假如自己管辖的销售队伍跳槽到其他企业，那么自己所管理的区域将会受到多么严重的打击。

事实上，销售队伍的需要也应当被满足，应当引起管理者的重视，营销活动成功与否需要依靠团队，而团队的重要体现就是销售队伍。销售队伍的需求无非是晋升、薪水，企业可以适当提升与他们相关的福利与待遇，对表现好的人员格外关照，对表现一般的成员，也要合理安排培训活动，不断提升销售队伍的能力，以及他们对企业的忠诚度，从而取得最佳营销效果，促进企业市场拓展。

二、营销管理的八大类型

营销管理包含八种类型，这八种类型的营销方式，分别能够应对不同的状况，解决相应的营销问题，促进企业扩大销路，持续收益。这八种类型分别为扭转性营销、刺激性营销、开发性营销、平衡性营销、恢复性营销、维护性营销、限制性营销、抑制性营销。

（一）扭转性营销

1. 扭转性营销简介

扭转性营销，是针对市场上已经存在或突然出现的消费者负需求，而制定的一种特殊的营销措施。所谓负需求，指消费者出于某种原因，对之前具有一定消费倾向的商品持一种抵制的态度。做好扭转性营销，关键在于探寻消费者出现负需求的真正原因，并根据这一原因，充分发挥主观能动性，制定合理的解决方案。

2. 扭转性营销实践

想要真正实现扭转性营销，需要企业管理者深入市场，分析调研，真正了解负需求的动因，从根本环节着手，才能够达到预期的效果。

首先，企业管理者要直面市场上已经出现的负需求问题，尽可能全面地统计相关数据，由相关人员制成图表，并进行集中分析。

其次，要深入市场实地考察和调研，如企业所属的酒店出现入住率极低的问题，管理则需要前往酒店实地考察，看看酒店的哪一个环节出了问题，无论是卫生不达标，还是服务不合理，都应当引起企业的高度重视。

再次，要对调查活动体现出的问题进行研究，与员工共同探讨解决方案，集思广益。

最后，对解决方案进行实施，运用最切实有效的营销方案缓解直至真正转变消费者的需求，达到扭转性营销的目的。

（二）刺激性营销

1. 刺激性营销简介

刺激性营销，也称为激活性营销，是一种刺激市场需求的营销活动。具体来讲，就是某些时候，社会市场中对某些商品没有需求，消费者无法提起购买欲望，企业为了刺激消费者产生购买欲，打开销售市场，而运用的一种营销手段。之所以消费者缺乏需求和购买欲，主要是因为以下几点：①商品上市之初，有待社会检验，消费者虽然具有一定的需求，但是都不愿做"小白鼠"，希望等到商品的品质得到市场检验之后再进行购买；②商品的作用与功能暂时与大众的需求不匹配，多数消费者没有购买该商品的必要性；③商品的吸引力较小，缺乏最能够抓人眼球的亮点。针对以上情况，企业应当做好刺激性营销。

2. 刺激性营销实践

首先，企业管理者要学会展示，尽可能通过多种渠道向市场展示商品的魅力。事实上，新商品上市时销量不足最大的原因就在于消费者不了解商品，这时候如果展示活动比较多，并且有相关的工作人员为消费者介绍商品的相关信息，那么一定可以在一定程度上刺激消费。例如，在市场中适当举办小型的展示会，聘请专业主持人进行解说，讲解产品的价值；邀请观众上台互动，结合一些小游戏，以调动消费者的积极性，最后能够达到充分向社会展示商品的目的。

其次，还有一些消费者对商品缺乏信任感，他们担心的是售后问题，担心购买产品之后，如果出现质量问题只能吃"闭门羹"。这时，管理者应当制定相应的保障制度，并在市场中广泛宣传，让更多的受众了解该产品完善的售后制度，打消他们对产品质量的疑虑。

最后，当有一定数量的消费者购买该产品之后，相关人员要对订单的数量等基本信息进行统计，然后对这些数量进行公开，激发受众的从众心理，从而刺激消费。

（三）开发性营销

1. 开发性营销简介

开发性营销，是挖掘市场中潜在消费主体的一种营销活动。当社会中关于某种产品的消费群体暂且较少时，也并不意味着这一领域缺乏产业前景。这时，企业管理者需要做好调研与规划，分析潜在客户群，判断产业未来的发展前景。如果该领域存在着数量较大的潜在客户群，要通过适当的营销方式，将潜在变成现实，真正促进他们转变为现实消费者，这就需要运用开发性营销。事实上，曾经有许多公司在开发性营销上获得了巨大成功，如日本新力公司曾通过广泛市场调研，得知社会中许多人都有听音乐的习惯，希望能够边走边听，给生活增加一些乐趣，于是"MP3"便诞生了，那些潜在的受众全部都转变成为现实的消费者，给企业带来了巨额的利润。

2. 开发性营销实践

开发性营销是一场漫长的"战争",从调查市场,发现潜在消费者,直到针对性生产相应的商品,需要较长的时间,这需要管理者制订比较详细的计划。

首先,进一步分析市场中消费者的消费心理。市场经济经过多年的发展,学者们结合心理学、经济学等领域的知识体系,对消费者的心理有着比较充分的研究,但是21世纪社会变动剧烈,消费者的消费心态变化也比较明显。管理者要站在时代的风口浪尖,对消费者的心理进行进一步分析,要突破原有思维方式的禁锢,开创新的分析方法,研判消费者的消费趋向,对他们的消费心理和行为做出更加准确的评估。

其次,进一步挖掘市场中各种产品的潜力。在新时代,各种新型产品层出不穷,人们从未见过的商品相继映入眼帘。管理者要广泛接触市场,了解各种产品及其特性,并运用发散性的创新思维对其进行分析,尽可能挖掘隐藏的、潜在的发展潜力,对其中部分产品进行优化与创新。

最后,以创新的产品与消费者的心理相结合,尽量使二者统一,开发符合市场消费心理的创新型商品,从而满足他们的需求,激起购买欲。

(四)平衡性营销

1. 平衡性营销简介

市场上存在着一些商品,它们始终与人类社会紧密相连,但是却由于某些原因,人们对其需求会在不同的时间段发生明显的变化,即不规则需求。可能在某一时期内,人们对该商品有着极高的需求,又在某一时期内无人问津。例如,每逢节假日或春夏之际,前往祖国各地旅游的人明显增多,旅游商品销量猛增,国内的铁路和公路的运载任务与酒店住宿行业都十分紧张;在秋冬旅游淡季时,人们对旅游商品的需求则急剧下降,旅游区周边的餐饮、酒店等行业又十分萧条。

这就表明,人们对某些商品的需求会随着特定因素的变化而变化。针对这种市场情况,为了使商品的销量尽量保持在比较均衡的状态,商家要做出平衡性营销。平衡性营销能够使相应商品的销量在全年之内维持在比较相近的状态,不至于出现销量两极分化过于明显的情况。面对短期内商品由于季节等因素影响，而出现的滞销情况，需要制定相应的处理方案。

2.平衡性营销实践

（1）企业管理者要分析出现不规则需求的原因。例如，旅游业受到季节、气候的影响较大，在寒冷季节人们很少出游，相关的商品销量明显下滑。企业管理者必须针对实际情况，进行具体分析，找到不规则需求的原因，这是进行平衡性营销的第一步。

（2）企业管理者要针对不规则需求制定处理方案。多数需求波动都可以通过经济手段进行调控，如适当的让利促销活动；适当的捆绑销售活动等。如果"价格战"并未取得预期的效果，可以从侧面进行商品宣传，起到影响消费风气，刺激消费者产生消费倾向的目的。

（五）恢复性营销

1.恢复性营销简介

恢复性营销，是产品遇到销售"瓶颈"，在较长的一段时期内出现明显的销量下滑的情况，而且并未出现明显的恢复的迹象时，应当采取的营销战略，也称为再生性营销或提升营销。

市场具有多样性、可变性，市场情况瞬息万变，很可能本来销量不错的商品会突然出现销量下降的情况。企业必须学会运用恢复性营销进行应对。例如，某饭店一直比较火爆，每逢节假日更是"人山人海"，可随着时间的变迁，菜式与口味一成不变，而顾客已经对此产生厌倦感，就会出现销量下降的情况，商家这时适当进行菜式与口味的创新，以新鲜感与创意感再度吸引顾客。

2.恢复性营销实践

进行恢复性营销，先要明确销量下降的原因是否为消费者的需求接近饱和，如果接近饱和，即使使用让利促销等营销方案，消费者由于暂无该方面的需求，促销价格即使很低，也会收效甚微。这时应当转变思路，全面分析商品的特性，认清商品能够帮助消费者满足的需求有哪些，如空调能够满足消费者避暑降温的需求，煮茶器能够满足消费者方便快捷地品尝可口茶水的需求。在此基础上，进一步分析商品不能带给消费者的体验有哪些，并对商品进行开发与丰富，尽可能丰富商品能够带给消费者的潜在体验性，从而激发消费者的购买欲。

（六）维护性营销

1. 维护性营销简介

维护性营销也称为维持性营销、保持性营销，在自由竞争的市场中，即使曾经具有一定竞争优势的企业，也可能会因为产品结构单一，资金链不足，而最终导致发展受限，受众流失。所以，营销活动除了要注重开拓新的市场之外，还要注重维持原有的市场，即留住老客户。针对老客户的营销方案，则要以维护性营销为主。

2. 维护性营销实践

（1）要做好企业老客户的信息统计管理，这是维护性营销的前提，包括这些人员的电话号码，工作性质等内容。

（2）要成立专门的团队进行营销工作，团队内的成员负责整合客户信息，通过电话、微信、社交软件等方式，对客户开展营销活动。

（3）要为老客户赋予"特权"，适当优惠。例如，为他们分发具有一定折扣额度的会员卡；为他们进行更高比例的积分储值；为他们专门举办小型的宴会活动等。总之，通过这种适当的优惠活动，留住老顾客，以保持产品销量的稳定，巩固企业的市场地位。

（七）限制性营销

当市场需求较大，而相应的商品价位较低时，就会产生过量需求的情况。虽然企业需要销量，但是如果企业的产能不足以匹配大额的销量，也会产生不良后果。所以，企业会通过提高价格与减少促销活动进行限制性营销，以此减少销量，降低目标受众的需求。例如，前往景区游览的游客数量过多，导致景区植被破坏，造成不良的后果，相关部门则应当进行限制性营销，减少游客数量，以更好地保护景区设施与景区环境。

（八）抑制性营销

抑制性营销常常针对市场中的有害需求而施行，在市场中，许多消费者会有一些不良的消费习惯,这些消费习惯对消费者的身体、心理有着不同程度的伤害,久而久之,也会对社会产生不良影响,容易产生不良的社会风气。有关部门应当针对这些有害需求,开展抑制性营销,值得注意的是,抑制性营销与限制性营销不同,后者是限制过度的需求,而前者则是强调产品的有害性,要求严格杜绝和抵制该类产品的生产与经营。

第三节 企业的营销战略内容与制定

一、营销战略的内涵与意义

企业为了在变化多端的市场中生存下来,并取得进一步发展,必须要制订长远规划,同时更要注重企业营销战略的制订。如果企业能够找到"对路"的营销战略,就能够在不断变化的市场环境中,把握市场先机,找到正确的发展路线。

（一）营销战略的内涵

企业的营销战略,关乎企业的发展,有效的营销战略可以使企业资源利用效率最大化,克服企业存在的弊端,在效益上实现突破。

1. 营销战略的定义

营销战略是企业市场营销部门根据战略规划,在综合考虑外部市场机会,以及内部资源状况等因素的基础上,确定目标市场,选择相应的市场营销策略组合,并予以有效实施和控制的过程。

2. 营销战略的内容

营销战略不是简单的、片面的、狭义的营销活动,而是包含了企业管理者丰富的战略思想与一系列战略行为的体系,对企业找准市场定位,进行战略布局至关重要。营销战略的基本内容如图6-3所示。

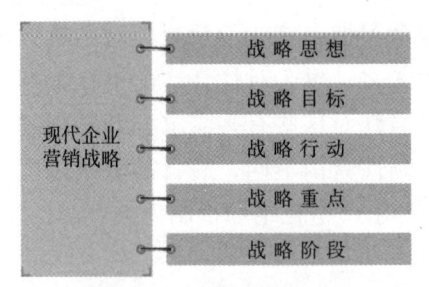

```
现代企业         战略思想
营销战略         战略目标
                战略行动
                战略重点
                战略阶段
```

图 6-3 营销战略的内容

（1）战略思想。战略思想是指导企业进行战略规划，实施战略行动，促使企业的市场营销活动顺利进行的出发点。包含战略理论、战略判断、战略推理等内容。战略思想具有以市场需求为导向、系统性、前瞻性等特点。

第一，战略思想要紧密与市场相联系，切实分析消费者的需求，把满足消费者需求作为重要导向，只有消费者得到满足，才会为企业赢得更好的口碑，才会吸引更多的受众。

第二，战略思想具有系统性，任何战略思想都并非只与企业的某一个环节联系，而与其他环节毫无关系，事实上，任何战略思想都必然着眼企业发展全局，是一种长远的规划。

第三，战略思想着眼于未来市场，企业曾经的发展已经成为"过去式"，未来的规划与发展才是管理者最应当筹划安排的重点，战略思想面向未来，关乎企业的存亡与发展，为企业未来的道路指明方向。

（2）战略目标。战略目标是企业在制定营销战略时，对战略结果的期望，战略目标也是对营销战略活动的重要检验，如果营销活动比较成功，企业能够达成战略目标，这也是对营销战略的肯定。战略目标，需要以战略思想为指导，以企业发展的实际情况为基点，其主要内容包括提升企业的盈利能力、增加市场占有率、提升生产效率、提高产品品质等。

战略目标是企业所制定的各种目标中最为核心和根本的目标之一，它统筹企业的整体布局，具有宏观性、长期性、稳定性等特点。宏观性战略目标与企业发展实际相结合，着眼于企业的整体而非局部，目标涵盖企业的各个领域，是对企业整体发展方向的根本概括；长期性战略目标是对企业未来的规划与设计，它所规定的内容都是需要企业管理者与员工共同奋斗较长的一段时期才能够达到的，是对现实状况的改造，是一项长期的任务；稳定性战略目标是企业发展的总方向，这就决定了它不能随意更改，一经确定，就应当一直坚持下去，集合企业所有职工的力量，凝聚成统一的信念。

（3）战略行动。战略行动是企业为了实现战略目标，以战略思想为指导，所开展的营销管理活动，战略行动一般由企业的管理者所指挥，由管理层多个领导者共同领导活动的实施。战略行动是企业营销战略的核心，在执行时，必须遵循特定的原则，这样才能够保证战略行动的稳步推进。首先，各级员工必须严格按照管理者的要求行事，不可擅作主张，如果员工有比较好的建议，可以私下向领导请示，切不可独自实践，否则很可能会扰乱整个行动；其次，战略行动必须统筹兼顾，行动的制定者与指挥者一方面要考虑企业的总体规划，行动要符合企业总体的发展方向；另一方面，要结合企业各部门的实际情况，也要着眼于企业中所存在的特殊情况；最后，战略行动应当包含多个短期性、阶段性的小目标，这种"目标分解"对企业员工具有一定的激励性，有利于长期目标的实现。

（4）战略重点。战略重点是企业进行市场营销过程中的重点环节，可以被视为营销的核心，其对营销的成功与否具有决定性的意义，事关企业是否能够达到预期目标。如果企业的营销策略缺乏相应的核心与重点，没有做到主次分明，只是"眉毛胡子一把抓"，那么企业也将没有细致具体的政策，只能造成发展受限的局面。这时，企业必须要改变常态，找准企业定位，专注战略重点，以战略重点带动其他部分的协同发展。

战略重点主要包含战略优势、战略劣势两个方面的内涵，企业要根据其自身的优势与劣势来制定战略重点，以及战略重心的转移。战略优势，是企业在比较长的一段时间内，关系全局经营成败的实力，如生产资源、资金储备、设备仪器等方面，这都可算作企业在市场竞争中的"重要法宝"。战略劣势是企业在实现战略目标，明确战略意图，履行既定政策中，不可避免地出现的薄弱环节，这些环节会对企业造成一定的消极影响，不过多数劣势可以扭转，这需要管理者从资金、人力等方面进行改进，制定相应举措，争取实现劣势向优势的转化。

（5）战略阶段。战略阶段一共包含三个阶段，分别为营销战略制定阶段、营销战术运用阶段、营销战略评价阶段。营销战略制定阶段，主要包括确定企业任务，分析企业的外部机会与威胁和企业内部优势与弱点，建立长期目标，制定可供选择的战略；营销战术运用阶段，主要包括树立企业年度目标、制定政策、激励雇员和配置资源，各个职能部门制定具体的战术。营销战略评价阶段，主要包括及时分析战略管理阶段的问题，重新审视内外部因素，适当采取纠正措施。

（二）营销战略的意义

正确的营销战略，立足于企业发展现实，展望企业的美好未来，对企业具有极其重要的意义。具体来讲，企业营销战略的意义包括以下几点。

1.营销战略有助于企业提升市场竞争力

随着时代的进步与社会的发展，市场体系不断完善，市场中的企业数量不断增加，同质化的产品愈发增多。例如，20世纪后期，生产某一商品的企业寥寥无几，即使这几家企业都大量生产同样的商品，而且数量与大众的需求数量还存在着较大的差距，也不会产生明显的企业竞争的情况。如今，我国经济实力显著增强，企业数量明显增多。据统计，我国企业总数多达2200多万，其中生产制造类与贸易经营类占据超过五成的份额。这就意味着，庞大的产业链能够满足人们的物质需求，越来越多的商品使人们有了更多的选择性，所以企业为了让更多的消费者选择自己，便展开了市场竞争。

正确的营销战略，是通过准确分析市场，明确选择目标而制定的科学化战略，具有一定的科学性，能够在一定程度上满足消费者的需求。目前，各企业的生产能力大体相似，能够拉开差距的在于服务与售后两个方面，而科学的营销战略便从这两个方面入手。一方面，科学的营销战略要求把工作人员对消费者的服务放在首位，遵循"客户就是上帝"的原则，当消费者到来之后，要表现出强烈的热情，使消费者产生一种受到重视的感觉；另一方面，科学的营销战略要求做好售后工作，售后工作做得好，意味着企业的商品具有保障，即使商品后续出现了问题，如果能够妥善解决，也会赢得消费者的青睐，使他们产生更深的信任感。

2.营销战略有助于企业提升内部凝聚力

内部凝聚力是一种由事物内部自然产生的,强力而有效的内在驱动力,能够促进事物朝着有益的方向发展。在企业中,数量最多的成员为普通员工,所以,内部凝聚力主要应当体现在这些员工身上。

企业管理者要认清员工对企业发展的重要意义,虽然基层员工在企业中并非领导层,但是管理者必须时刻谨记"水可载舟,亦可覆舟"。只有基层员工充满凝聚力,认真履行领导下达的任务,才能够促进企业的良性发展。

科学的营销战略,除了重视消费者的体验,同时还要注重企业员工的内在感受,要提升他们在企业中的归属感,充分发挥他们的积极性、创造性。总之,营销战略对员工的态度,能够促进员工与管理者"心往一处想,劲往一处使",共同达到预定的目标,促进企业不断发展。

3.营销战略有助于企业实现长远目标规划

在信息技术大爆发的今天,各行各业都在致力信息化与网络化,不断提升产业竞争力,以期吸引越来越多的消费者。有些企业致力打好"质量关",专注提升产品质量;有些企业致力做好"销量关",把薄利多销作为主要的销售模式。但是,如果缺乏正确的指导,走上错误的路线,只会使企业的发展走"下坡路"。企业的营销战略包含着丰富的内容与诸多环节,对企业当下的短期目标,以及长远规划都有着科学指导作用。遵循科学的营销战略,企业能够稳扎稳打、步步为营,由于营销战略是一个系统性的战略体系,每完成一个阶段性的小目标,实际上都在为下一个目标提前打下基础。如果不按照营销战略的路线,很可能导致决策失误,造成难以挽回的损失。

二、营销战略的制定与执行

企业营销战略的制定与执行需要遵循相应的步骤与原则。

(一)分析市场机会

当代社会,市场竞争愈发剧烈,各行各业接近饱和,企业为了抢占市场,扩大市场份额,必须先分析市场机会,在充分了解市场的基本发展情况之后，才能做出最为科学的判断。

市场机会，就是市场上存在的，尚未满足消费者需求的商品类型。在经济水平与生产技术大爆发的今天，许多产业已经能够完全满足消费者的需求，但是也有少量产业还有一定的发展空间与发展潜力，这些产业就存在着比较大的市场机会。企业如果能够抓住市场机会，就能够掌握发展的先机。市场机会一般包括以下几种类型，如图6-4所示。

A	B	C	D	E	F
环境机会与企业机会	表面市场机会与潜在市场机会	行业性市场机会与边缘性市场机会	目前市场机会与未来市场机会	全面市场机会与局部市场机会	大类产品市场机会与项目产品市场机会

图6-4 市场机会的基本类型

分析市场机会，需要进行全面考量，要科学运用调查、分析等方式。

（1）营销人员要开通多种获取信息的渠道，包括多媒体渠道、纸媒体渠道、市场观察渠道等，通过上述渠道，全面了解市场发展情况，分析市场发展前景。要对搜集和调查来的各种信息、资源，进行统一的整理与分析，并从中找寻适合企业发展的市场机会。

（2）营销人员要以产品或业务的战略规划中所使用的分析评价方法为工具，或者以发展新业务的战略方法为思路，充分结合企业发展的实际情况，尽量寻找发展企业产品，以及提升业务数量的新机会；

（3）营销人员要对市场进行细致的划分，根据不同地区的消费习惯，对不同的区域进行归类，针对其特性进行营销活动。

（二）选择目标市场

目标市场，是企业市场营销的重点对象，选择最容易进入，同时最适合企业商品情况的市场，有利于企业提高销量，拓宽市场渠道，从而取得进一步的发展。所以，选择目标市场尤为重要。当企业将市场进行划分之后，要选择一个或多个细分市场，选择时需要参考一定的标准。

选择目标市场要参考的标准包括目标市场的规模、目标市场的潜力、目标市场与企业的契合度。

（1）目标市场要具有一定的规模。任何企业都希望从市场中获取大量的利润，如果市场情况较差，规模较小，企业进入后，只能耗损成本而无法获得收益，那么则应当谨慎考虑。如果某细分市场发展情况日渐向好，规模较大，受众很广，有着大量的消费者资源，企业则应将其作为重点研究对象，找准时机进入市场。

（2）目标市场要具有发展潜力。或许有些市场目前规模较小，但是经过营销人员实地考察与深入分析之后，发现该市场有着不错的发展前景与发展空间。例如，市场中的竞争威胁、替代产品威胁等因素比较低，消费者的购买力比较强等。那么针对这种具有一定发展前景的市场，企业也可以考虑进入，如果营销战略合理，很容易在可以预见的未来获取盈利。

（3）目标市场要与企业相契合。不同的市场存在不同的特性，这取决于市场的经济发展情况，经济结构，市场中消费者的收入与消费习惯等因素。因此，不同的市场会与不同的企业有着不同程度的契合性，A市场或许适合企业A的发展模式，却不适合企业B的发展模式。所以，企业根据市场的特性进行取舍。例如，某企业以高端家居著名，细分市场中一定要存在较多数量的高收入人群，以此作为企业的受众群体，如果细分市场消费者多为工薪阶层，那么其发展必然受限。

（三）确定营销策略

确定营销策略，是营销管理的关键，为了满足目标市场的需求，提升商品的销量，企业管理者要综合上述因素，制订一套切实可行的营销策略。营销策略要包括商品的质量、包装、价格、广告、销售等多方面，应当重点考虑产品策略、价格策略、渠道策略、促销策略，即"4Ps"营销组合。

产品策略是营销组合的重点，是其他三个策略的基础。从一定意义上讲，企业成功与发展的关键在于产品满足消费者的需求的程度以及产品策略正确与否。价格策略是关于产品定价的策略，定价并非越低越好，而是在符合产品成本与质量的基础上，能够实现更高销量的价位区间。渠道策略是产品销售方向的决策与管理，主要职能是管理渠道的拓展方向和区域市场等。渠道策略有多种类型，如直接渠道、间接渠道、长渠道、短渠道等，无论选择哪一种渠道，都应当遵循与时俱进的原则，如果渠道不随着时代发展而变化，只能走向失败。促销策略是企业员工以促销的方式，将商品进行售卖的管理活动（关于促销策略，在下文将有单独的、详细的论述，在此处不做赘述）。

总之，营销策略是为营销战略而服务的，属于营销战略中更为具体、更为细致的内容，其制订必须要运用"4Ps"营销组合，这样才能取得更好的营销效果。

（四）营销活动管理

营销活动管理，是营销战略执行的最后一步，具有较强的实践性，应当在市场中获得消费者的检验。一般来讲，营销活动主要包括市场营销计划、市场营销组织、市场营销控制三部分。

1.市场营销计划

企业市场营销计划是企业在对市场环境进行比较全面的分析之后，制订的关于企业实现营销目标所运用和执行的计划。

市场营销计划是一个比较宽泛的概念，它包含计划概要、营销状况分析、机会与风险分析、拟定营销目标、营销策略、行动方案、营销预算、营销控制等诸多内容。

企业制订营销计划，能够提前向企业内的各级员工说明企业的预期目标、所需资源、基本任务等，使员工对企业未来的营销活动有着比较清晰的认识，同时更加明确自身应尽的义务与应负的责任，有助于企业接下来营销活动的开展与管理。

2.市场营销组织

市场营销组织是企业中执行营销计划的部门，他们的主要任务就是一切与营销相关的活动。在企业的不同发展阶段，会有不同的营销目标和营销重点，所以营销组织的主体规模与责任明细也会有所区别。

营销组织的组成形式包括功能性营销组织、地区性营销组织、产品或品牌管理组织、市场型营销组织。对营销组织进行管理，管理者先要了解自己所属企业以哪种营销组织为主，并针对不同营销组织的特性，确定细致的管理手段。例如，功能性营销组织最为常见，是市场中数量最多、分布最广的营销组织。该组织管理比较简单，由副总裁统摄各部门经理，具有扁平化的特征，上传下达效率较高。但是，这种营销组织容易出现各下属部门为了争夺自身权益而发生纠纷的情况。所以，管理者要制定相应的制度，以减少纠纷的发生。又如，地区性营销组织是以划分片区分配营销活动的组织，各片区负责人管理自己区域内的营销实务，如此一来，明显增加了管理幅度。但是，每一个片区的区域都比较大，管理人员很难全部了解区域内的情况，营销活动容易因了解不全面而出现疏漏。这就需要管理者为片区经理增派助手，帮助其更好地收集信息和传达任务。

总之，市场营销组织管理是一个比较复杂的环节，管理者要充分深入了解其特性，尽量做到"查漏补缺"，帮助营销组织发挥其长处，躲避其短处。

3.市场营销控制

市场营销控制就是对营销策略的结果进行检验与评估。有效的营销控制，能够让营销活动总是符合市场的需要，即"市场缺什么，我就卖什么"。同时，能够帮助企业规避风险，纠正营销执行活动中的偏差。企业所进行的一切营销活动都要在市场中进行，由于市场总是有各种各样的波动，很可能之前使用的营销策略会逐渐不再适应市场，必须要对活动进行检验，以确保营销活动的有效性，避免无用功。

第四节 企业的促销策略

在此之所以单独对企业的促销策略进行论述，是因为在众多企业营销管理活动中，最为常见的，也是与社会中每一个人联系最为紧密的就是促销活动。同时，促销活动也是企业最容易在短期内见到成效的重要措施。

一、促销与促销策略

（一）促销

1. 促销简介

促销是大众耳熟能详的词汇，简而言之，促销就是各企业出于经济效益或其他目的，促进自身产品销量提升或激起大量消费者的购买欲望，所运用的手段。促销，对消费者与企业都具有一定的积极作用。对企业而言，促销有利于企业传递产品的相关信息，从而帮助企业建立较好的声誉，引起消费者的好感，为商品销量与企业知名度的提升打下基础；促销有利于企业提高经济效益，促销一般伴随着较为低廉的价格，但是低价并不意味着"赔本赚吆喝"，如果企业合理分析价格与销量的比例，将价位定在合适的区间，则既能够提升销量，又能够扩大市场份额，获得经济效益。

2. 促销的特点

促销与一般的销售活动有着较大的区别，其最大的特点就是针对性极强，企业很容易针对内部的某一种商品，进行集中性、大量销售。促销的特点如图6-5所示。

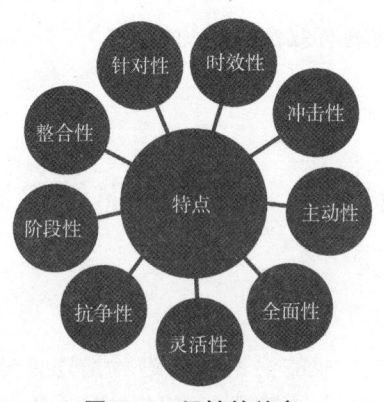

图6-5 促销的特点

3. 促销的方法

促销的方法多种多样，方法的选择，取决于市场、季节、商家，以及消费者的消费习惯等诸多因素。促销的主要方法如表6-1所示。

表6-1　企业促销主要方法

促销方法	方法介绍
反时令促销法	许多商品存在明显的季节性，即在某些季节十分畅销，在某些季节销量停滞。例如，冬季时各种皮毛类保暖服饰、护具十分畅销，到了夏季却无人问津。有些商家为了提升销量，在夏季推出促销活动，让原本已经积压已久的商品快速售出，从中获得时令差价
独次促销法	仅对热销商品售卖一次，卖空之后便不再进货。从表面上看，是商家错失良机。实际上，这是抓住顾客"物以稀为贵"的心理，让顾客认为该商家所售卖的其他商品也是优质的
翻耕促销法	销售人员对老顾客的基本信息进行登记，过一段时间之后，专门对顾客进行电话或当面访问，获知商品存在的问题，表达对顾客的重视。同时，还能附带宣传新产品
轮番降价促销法	商家定期对众多商品中的部分商品进行特价处理，这种促销方法希望求得薄利多销，让顾客总有一种"捡到便宜"的感觉。顾客为了买到特价商品，往往会持续保持对商家的关注，这也提升了商家的受关注度
每日低价促销法	该方法与轮番降价有些相似，也能够收获一定的效果
最高价促销法	多数商家在促销时常常会打出"低至××折"等标语，而有些商家反其道而行之，他们以最高价作为标语，如"最高价××元"，别具新意，也能吸引大量消费者
对比吸引促销法	以"甩卖"的字眼吸引顾客，同时把最新的商品摆在显眼的样品架上，标价为非流行商品的两三倍。喜欢追赶潮流的消费者会看中高价的商品，注重实际者则选择非流行商品。如此一来，对两种商品都可以起到促销作用
拍卖式促销法	拍卖的售卖方式比较少见，能够抓住消费者的眼球，从而吸引大量的顾客，不过只适宜在节假日进行，平日人们忙于工作，效果将大打折扣

（二）促销策略

相比促销活动，促销策略则显得更加体系化与规模化，它是企业促销战略中的重要实践方向，是企业通过各种促销方式，扩大销量，吸引顾客的活动。

根据促销手段的出发点与功能的差异，促销策略可以分为推式策略与拉式策略两种。

推式策略，该促销策略的重点在于"推"，也就是把企业所生产的商品,推销出去,将其相关信息推送和传递到市场的各个角落。基本的流程是,推销人员将产品推荐给批发商,批发商推荐给零售商,最后由零售商推荐给消费者。这是最基本的促销策略,适用于企业规模较小,市场比较集中的情况。

拉式策略,该促销策略的重点在于"拉",也就是把顾客"拉"过来,即吸引过来。运用这一策略,基本的路线是企业将消费者引向零售商,将零售商引向批发商,将批发商引向生产企业。这种促销策略,适用于企业规模较大,市场需求比较明显,能够引起消费者情感共鸣的产品。

二、促销策略的制订

制订促销策略需要按照既定的步骤来进行,以保证策略的完整性和有效性。

1.确定目标对象,也就是明确向谁促销

企业的种类千差万别,有些企业的产业领域涉及面较广,包含日用百货、服装服饰等。该企业的受众比较广,在促销时,可以选择的对象相对比较多,企业管理者需要统摄全局,制订具有一定针对性的促销策略,找准目标对象,这时寻找目标对象的难度较大,管理者需要经过大量的数据分析才能得出结论。有些企业的产业领域涉及面较窄,很可能只生产同一种产品,如灯泡厂、热收缩膜工厂等。这些企业的管理者能够很清晰地明确目标对象,无疑就是那几家长期合作的批发商和零售商。总之,先要明确目标对象,这是制订促销策略的第一步。

2.确定促销目的,也就是明确为什么促销

企业促销的目标多以提升销量和获取利润为主,也有些企业会有其他促销目标,如树立形象与地位、赞助公益事业、改进企业短期的业务经营等。促销目标与管理者对企业的预期,以及企业的基本情况相联系,从侧面反应企业的经营状况。一般营业额较高,资金雄厚的企业更加在乎的是长远收益和非经济收益。

3.确定促销内容,也就是明确如何促销

要明确传达商品信息的方式与内容。一方面,要强调商品的功能与特

点，以此吸引消费者。因为任何消费者购买物品时，只要商品的某一点特性符合自己的需要，那么就会产生购买欲；另一方面，要选择合适的表达方式，语言组织要符合逻辑（表述清楚、信息全面），也要体现态度（表现出负责任的态度）。

4.确定促销工具，也就是搞清楚用什么促销

主要包括广告类、营业推广类、公共关系类、人员推销类。

广告类，印刷品和电台广告、录像广告、小册子、张贴传单、工商名录、广告牌、焦点广告、标志和标识语。

营业推广类，优惠酬宾、大甩卖、赠品、样品、展览会、示范表演、文化周、有奖销售、以旧换新。

公共关系类，新闻媒体、演讲、研讨会、年度报告、捐赠、出版物、游说、公司杂志、事件。

人员推销类，推销展示、个人推销、小组推销、现场推销、导购与服务。

5.确定促销预算，也就是计算促销活动需要花费多少资金

管理者可运用量入为出法、销售比例法、竞争对手法、目标任务法等，对促销活动的成本进行大致测算。此外，还有一些额外的开销也应当计算在内。

第七章　企业技术创新

第一节　企业技术创新相关概念

一、企业技术创新的定义与内容

技术创新是企业创新的重要内容。任何企业都是利用一定的产品来表现市场存在、进行市场竞争的;任何产品都是一定的人借助一定的生产手段,加工和组合一定种类的原材料生产出来的。不论是产品本身,还是生产这些产品的人和设备,或是被加工的原材料以及加工这些原材料的工艺,都要以一定的技术水平为基础,并以相应的技术水平为标志。因此,企业技术创新是增强自己在市场上竞争力的重要途径。

(一)企业技术创新的定义

关于企业技术创新,有学者认为指的是企业一系列的创新活动,包括技术创意的产生、技术的研发、技术的商业化等内容。

也有学者认为,"技术创新是指企业应用创新的知识和新技术、新工艺、经营管理模式,提高产品质量,开发生产新的产品,提供新的服务,占据市场并实现市场价值的活动"❶。

笔者认为，企业技术创新，是针对企业各项技术的创新与改进，包括企业的生产技术、科研技术等，如企业生产出一种新的产品，提供一种新的服务，或者运用新的工艺、新的材料实现了生产过程中的变化，均属于企业技术创新。

从企业的战略视角出发，技术创新包含自主创新、模仿创新、合作创新。其中，自主创新最为重要，如果自主创新获得成功，将对企业的发展起到巨大的推动作用。自主创新，指企业依靠自身的资源进行研究与开发，并以此为基础，实现技术创新成果的商业化，获得技术创新的收益。这种创新模式具有较高的门槛，只有企业具备大量的创新型人才，较强的科研能力，雄厚的科研经费才能够实现；模仿创新，指企业效仿其他成功企业，学习它们的成功经验，而进行的创新；合作创新，指不同企业或机构进行的联合技术开发等活动。

（二）企业技术创新的内容

企业技术创新的内容包含四个部分，分别为材料创新、产品创新、工艺创新、手段创新。这四个部分既互相影响，又相互区别，每一种创新都是以不同的视角着眼于企业发展，并能为企业发展赋予新的活力。

1. 材料创新

企业生产和制造各种产品，必然要运用相应的材料，经过多年的产业发展，各行各业制造其相关产品的材料也经历着无数次变迁。20世纪初，人们的生产水平尚不发达，当时人们所能够运用的材料比较有限。原材料从被发现到加工，再到成为完整的产品，所经历的工序比较少。

随着科学技术的不断发展，人们逐渐找到了越来越多能够替代曾经生产材料的新型材料，新的材料相比于过去的材料有着许多优势。例如，最早人们都是用木桶来装水，随着金属材料的广泛应用，金属材质的水桶替代了木桶。如今，轻便廉价的塑料桶又替代了曾经的铁桶、铝桶等。可见，材料的更新换代为人们的生活提供了较大便利。

---

❶ 张永良：《管理学基础（第3版）》，北京，北京理工大学出版社，2018：239。

当代社会，企业进行技术创新时不能忽视材料创新，材料是产品的本质，经过创新与科研而研制出的新型材料，必将在性能、稳定性、安全性等方面强于之前的材料。作为企业管理者，一定要意识到材料创新的重要性，致力开发新材料，并在经过合理试验之后，将新材料广泛应用于产品的生产过程中，以达到提升企业效益的效果。

2. 产品创新

产品创新是企业技术创新的重要形式，主要是沿用产品的原材料与原生产方式，只是对产品的规格尺寸、基本结构进行创新。

（1）改变原有产品的规格尺寸。这种产品创新，主要是对原产品进行放大或缩小。例如，迷你版本的产品，包括迷你小风扇、迷你空调、迷你小冰箱、迷你电暖风、迷你手电筒、迷你加湿器、迷你写字板、迷你录音笔、迷你键盘、迷你小音箱等。又如，四川与山西地区的农民经常用洗衣机洗红薯和土豆，而洗涤这些农作物所产生的大量残渣废料特别容易堵住洗衣机的排水管，海尔公司针对这一问题，特地加大了排水管的横截面，为广大消费者提供了便利。

（2）改变原有产品的基本结构。这种产品创新，主要是对产品进行重新定型、结合、分离。例如，有些曾经是水平放置使用的产品，被创新后，需垂直使用；有些曾经是垂直放置使用的产品，被创新后，需倾斜使用等。又如，有些产品会被附加一些其他的结构，有的企业在原来的旅行袋增加可以折叠的小马扎，这种组合方式具有一定的创新性，既便于携带，又让旅行者能够在疲惫之时获得短暂的休息。

可见，产品创新不产生新产品，也不运用新材料，只是在原有的基础上，为原产品增加或删减部分属性，从而使产品能够更加满足消费者的需求。

3. 工艺创新

工艺创新是企业运用新的工艺进行生产，需要注意的是，工艺创新仍然是生产原有的产品，产品的属性与功能基本上没有区别。新的工艺一般能够明显降低次品率，并有效提升生产效率，从而提升企业的经济效益。生产工艺主要包括生产技术、操作程序、方式方法、规则体系等方面。

按照工艺创新的类型进行划分，可分为提高产品质量等级品率的工艺创新、减少质量损失率的工艺创新、提高工业产品销售率的工艺创新、提高新产品产值率的工艺创新、节能降耗的工艺创新、有益环境的工艺创新。

（1）提高产品质量等级品率的工艺创新。该类型以提升产品的质量为主要目的，要求所有产品都要严格按照相关部门的要求进行生产，要完全符合相关的指标。因此，企业必须要在工艺技术、工艺管理、工艺纪律等方面"下足功夫"，做好工艺创新管理工作。其一，要聘请具有高超工艺技术的专业人员，由他们起到带头的作用，带领企业中其他员工共同运用新型工艺技术进行生产工作；其二，要制定严格化、体系化、程序化的公益管理制度，制度要涉及生产的各个环节，严把质量关，不允许任何有损产品质量的行为出现，做到"赏罚分明、违者严惩"；其三，要强调工艺纪律，所有员工生产期间以纪律为先，杜绝触碰纪律底线的行为。总之，要促进工艺技术、工艺管理、工艺纪律的协调与统一，忽视任何一个方面，或者过于重视某方面，都无法真正使产品质量品率得到保证。

（2）减少质量损失率的工艺创新。质量损失是企业在进行一系列生产活动时，由于企业自身原因或外部其他原因出现次品、废品，而这些次品与废品所占生产产品总数的比率，则是质量损失率。质量损失率越高，意味着企业所能赚取的利润越少，反之则越低。作为厂家，众多产品中出现少量的次品与废品无可厚非，重点在于，应当逐渐减少质量损失率，这就要求企业工艺必须进行创新，改变曾经错误的工艺手法，以降低生产成本。

（3）提高工业产品销售率的工艺创新。工业产品销售率是一定时期内销售产值与同期现阶段工业产值之比，它反映产品质量适应市场需要的程度。通过工艺创新，企业既能生产独具特色的物化产品，又能提供优质的服务产品，从而吸引顾客、拓展市场、扩大销售。

（4）提高新产品产值率的工艺创新。产值率是在特定的时期之内，新产品与同期其他产品产值的比率，通过测算与观察产品的产值率，能够看出新产品在企业各类产品中的构成情况，体现出企业技术创新进步的基本情况。新产品产值率越高，则意味着企业生产的产品中，新型产品的数量越多，也就表示企业的创新性更强，能够更加适应不断变化和发展的社会，以及时代的需求。

（5）节能降耗的工艺创新。地球上的宝贵资源是人类赖以生存，并获得持续发展的物质保障，但是资源并非取之不尽，用之不竭，资源的使用应当有一个限度，否则人类必将"自食其果"。在企业的发展过程中，要认清自然资源的重要性和稀有性，生产产品所消耗的各种资源都无法再生。任何企业都应当也有义务去改进原有的生产工艺，以更加节能、低耗的新工艺进行生产，从而实现资源的高效利用，既能降低生产成本，又能节约资源。

（6）有益环境的工艺创新。低污染或无污染成为社会、政府和人民对企业生产及其产品的越来越突出的要求，通过工艺创新，企业可以减少生产过程的污染，提供无污染的产品。

4. 手段创新

手段创新是企业生产物质条件的改进、改造、创新，是针对老旧、过时的生产设备、产业机器进行的创新。手段创新主要体现在两个方面，其一，将先进的科学技术运用在原有的旧设备之中，从而提升旧设备的生产效能，达到提高生产率的目的。例如，将新的信息系统加入传统的设备中，使其具备一定的智能性，减轻操作人员的工作量，也能让生产过程更加细致和精准；其二，运用更加先进、更加经济的生产手段直接取代老旧落后的机器设备，使企业生产建立在更加先进的物质基础上。例如，用21世纪的智能化生产流水线代替传统的人工流水线等。

二、企业技术创新的基本特征

企业技术创新具有其相应的特征，主要有创新性、实践性、整体性、未知性、社会性、盈利性。

（一）创新性

创新是时代发展的主题，更是企业在时刻涌动的经济大潮中保持自身独立性，并不断获得提升的重要"法宝"。企业的任何一项技术创新，乃至企业技术创新的任何环节，都应当区别于曾经，都应当是前人未曾尝试过的"壮举"，这才是对创新的根本诠释。

如果企业只是打着技术创新的口号，却从未真正尝试创新，仍然沿用老旧的技术，老旧的设备，守旧的管理模式，那么"创新"二字将沦为空谈，其能够为企业带来的价值也只能成为幻影。

真正的企业技术创新活动，永远把创新作为主旨，在各个环节都能体现出对创新的重视。例如，企业会对自身的生产技术进行创新，对工艺技术进行创新，或者对生产的理念进行创新等。所以作为企业的管理者，必须时刻明确创新这一核心要义，无论是发明创造还是改良创造，都要区别于从前的模式。

（二）实践性

企业技术创新具有实践性。任何企业的生产活动、管理活动、销售活动都是在社会中的实践，与企业内部或企业外部时刻保持着联系，发生着关系。其中，技术创新作为集中体现在企业生产制造中的活动，也具有明显的实践性。一方面，在新型技术产生之前，相关技术人员需要进行不断地摸索与实践，这不是仅仅停留在头脑之中的空想，而是把思维方式与理论体系转化为切实可行的技术的现实过程，这一过程伴随着大量实践；另一方面，新型技术形成之后，要在企业中实践，也就是广泛应用于各个环节，经过大量产品的"亲身试验"，质检人员要检测合格率，只有实践才能检验思维活动成果的真理性，分析新型技术是否在某些方面具备老旧技术不具备的特点，同时又要将运用新型技术产出的新产品在社会中进行售卖，接受群众的检验。总之，技术创新是生产的实践，也是市场的实践。

（三）整体性

企业技术创新是一项复杂而漫长的工程，技术创新虽然有时只体现在某一方面，如企业工艺手段的创新，生产设备的创新等，但是为了实现这一创新，与企业发生联系的因素或环节却很多。例如，单就制订技术创新的计划，以期实现某一项生产技术的创新，就需要企业内部各部门协调统一，管理者统筹全局，技术人员制订策略，基层员工根据要求行事。此外，还要有专门的业务人员在企业外部进行资料搜集与市场调研等活动。可见，企业技术创新活动涉及战略、设计、开发、调研、营销等各个环节，与企业内外部的各个主体发生着联系，包括供应商、中介渠道、客户等。任何企业想要实现技术创新的成功，必然要从整体上认识技术创新，深刻认清其整体性的特点，进行宏观把握。

（四）未知性

企业技术创新受到多种因素的共同影响与制约，包括企业的内部因素、企业的外部因素、人为因素、社会因素、管理者个人因素，员工工作能力因素等，此外还有许多其他因素。以上各种因素都具有一定的不确定性，而这些因素共同影响的技术创新活动必然包含着更大的未知性。例如，企业可能会因为内外信息搜集不到位，导致技术创新预测出现偏差，难以把控和调整技术创新的进程。又如，企业经过科学的安排与规划，在前期充分整理资料，获取可靠的信息，并掌握了一定的技术手段，可就在运筹帷幄之际，市场需求发生了迅速转变，那么曾经的一切准备工作或许都将白白浪费。总之，企业技术创新具有未知性，并具有一定的风险。有可能会走向成功，也有可能会走向失败，各种不稳定的情况层出不穷，企业管理者应尽量多制定一些应急预案，以处理各种突发情况，不断对技术创新进行调整。

（五）社会性

企业技术创新是将技术成果转化为现实生产力的社会化过程，需要在特定的经济社会条件下实现。一方面，技术创新需要贴近社会生活，与各国各民族社会中的政治、经济、文化等政策相协调统一，遵循相应的法律法规，与社会发展方向相一致；另一方面，要与世界科技联动发展，及时了解"世界科技之林"的发展动态，并不断吸收有益于自身发展的有利因素，从而提升企业的创造力。

（六）盈利性

企业是经济组织，永远把经济方面的效益作为根本追求，企业不会对没有任何盈利的活动提起兴趣，同时，没有盈利的活动也会白白耗损企业的人力、物力、财力。所以，为了不断发展，增强市场竞争力，占据市场份额，获取足额的经济利益，企业在技术创新时必然要把是否盈利看作其重要的指标。因此，企业技术创新具有盈利性，如果企业一直投入，而无法得到回报，只能导致创新活动的失败。

三、企业技术创新的意义与价值

在知识经济与人才经济成为主题的新时代，企业想要获得发展，想要开拓更加广阔的市场空间，除了需要一定的人力、物力、财力之外，更需要具有创新性，要进行技术创新。创新已然成为21世纪的代名词，对企业具有举足轻重的意义与价值。

（一）企业技术创新有助于提升核心竞争力

随着科学技术的快速发展，各企业的生产制造技术都实现了一定程度的"飞跃"，对相同行业、相同领域的企业而言，它们基本都具有生产相同或相似产品的实力，即各企业整体技术水平的发展高度相似。这就出现一个问题，许多企业都能够生产相似的产品，那么如何在激烈的竞争中脱颖而出？如何赢得消费者的青睐？有学者认为，企业提升竞争力的方式与手段虽然十分多样，但是归根结底可以从两个方面入手，分别为"价格战"与"品质战"。简单来说，要么企业产品的价格比较低，要么产品的质量比较好，以上两种策略都能够有效提升企业的竞争力。

笔者看来，价格与品质这两个词汇看似相对立，事实上却可以通过企业技术创新统一起来。进行技术创新，意味着反思传统技术，从中找到新的灵感，以形成新的发展思路，并付诸实践。

企业可以通过技术创新，实现产品在功能上的突破。例如，曾经的产品仅具备某一种功能，经过技术创新之后，被赋予一些额外的其他功能，为人们的日常生活增加了便利性。又如，曾经的产品功能尚不完善，有时会出现细小的问题，通过技术创新可以有效解决问题，改善使用者的体验，从而吸引消费者。

企业可以通过技术创新，实现产品在成本上的突破。任何产品都需要特定的原料，并且需要经过特定的工序，这就意味着生产成本无可避免。技术创新通过运用新型材料和新型技术，提高生产利用率，明显降低能耗，有效降低生产成本。成本降低后，企业便可以打好"价格战"，在保证产品质量的同时，以更低的价格出售，从而提升竞争力。

可见，企业技术创新既能够提高产品质量，又能够降低售卖价格，这必然能够在纷繁复杂的市场中抢占先机、拔得头筹，形成极大的竞争优势。

在这一领域，Google 做得非常好，该公司通过自身的科研技术创新，一直在市场中有着极强的竞争力。Google 的技术水平素来在全球领先，它拥有过万人的工程师团队，这庞大的人才体系始终为 Google 长期保持技术领先提供了保障。

Google 秉持着开发"完美的搜索引擎"的信念，在业界独树一帜。所谓完美的搜索引擎，就如公司创始人之一 Larry Page 所定义的那样，可以"确解用户之意，切返用户之需"。为了实现这一目标，Google 坚持不懈地追求创新，而不受现有模型的限制。因此，Google 开发了自己的服务基础结构和具有突破性的 PageRank 技术，使得搜索方式发生了根本性变化。

不仅是在搜索领域，其他领域 Google 的科研技术水平也很突出，对世界尖端技术的跟进和研制，Google 毫不懈怠，并致力对技术"超前性"的把握，这些科研技术是培植新的增长点、向多元化发展的基础。在技术研究方面，Google 在全球范围内建立了 10 多个超前技术研究及相关实验室，通过该子系统开发与企业发展密切相关的应用技术项目，为其技术在能力上的不断升级储备技术资本。Google 通过国际化的技术开发网络、全球范围的人才网络来保证科研技术优势。

（二）企业技术创新有助于改善管理效率

对传统企业来讲，他们一般沿用旧有的管理模式，其管理制度、管理方式、管理观念等在某些方面已经与不断进步的社会发生了"脱节"，有些曾经比较优质的管理理念已经跟不上时代发展的潮流，无法为企业明确指引发展的方向。而最重要的，则是传统的管理方式效率比较低下，同时容易在管理过程中出现疏漏，这些都是人工管理难以避免的问题。

企业技术创新的一个重点在于广泛应用信息技术，21 世纪是信息化与智能化的时代，相关领域的专家学者表示，应当在企业发展中充分利用信息技术。信息技术具有传统技术不具备的高效性、瞬时性、准确性。可以设想，将信息技术运用到企业的管理中，必将产生奇妙的"化学反应"。将信息系统应用于企业的生产、经营、管理、决策、研究、开发的全过程，能够充分开发企业内外部的信息资源与知识资源；同时，信息系统还能够调整或重构企业的组织结构和业务流程，服务企业的战略发展目标，不断提高企业各方面的管理水平，从而促使企业朝着良性方向不断发展。另外，企业信息技术创新还能够为企业快速、大量提供具有价值的各种信息，以便辅助管理阶层做出更加正确的决定。如此一来，能够有效避免绝大多数的决策失误情况。

（三）企业技术创新有助于构筑"人才堡垒"

企业技术创新有助于构筑"人才堡垒"，这主要是针对人力资源技术创新而言的。在企业中，人是助力企业发展的重要因素，无论是企业管理规划的制定，操作步骤的执行还是市场营销等活动，都离不开人的努力。

可以说，企业的几大重要资源——人力、物力、财力中最重要的当属人力资源。人才是技术的载体，更是无法用单纯的金钱来衡量的"资本"，只有大量吸收优秀人才，合理运用人才，致力培养人才，并让他们为了企业的发展献言献策，发挥光热，才能构筑企业的"人才堡垒"，开创企业更加辉煌的未来。

而企业人力资源技术创新，就是对人才的高度重视和对人才的科学开发与培养。新型人力资源理论要求依靠人的智力因素进行一系列变革与创新，结合时代的科技优势，把人的智慧能力作为一种巨大的潜力进行发掘。要求建立科学的岗位安排网，深入分析每一位员工的优势与劣势，尽可能做到扬长避短，充分发挥优势；要求开通科学合理的晋升通道，给每一位认真工作的员工合理公平的晋升机会；要求构建人才培训机制，定期为员工进行统一培训，提升业务能力。另外，还有企业内部的评奖评优活动，人才选拔活动等。以上均为人类资源管理的突破与创新，这能在很大程度上帮助企业吸引人才，留住人才，以促进企业经济的快速发展。

四、企业技术创新的诱发因素

企业进行技术创新具有一定的诱发因素，即进行技术创新并非毫无原因，而是由这些因素共同作用而产生的结果。诱发因素主要包含企业的内部因素与企业的外部因素。

(一)内部因素

内部因素主要包括企业的经营状况与企业的生产状况。

1. 企业的经营状况

对企业而言,其经营情况无非是正常运转或异常情况,异常情况无非是突然成功,或突然失败。在异常情况下,无论哪一种都会对企业的未来走向产生重大的影响。

如果企业突然获利,这意味着企业潜藏着十分重要、十分宝贵的发展机会,管理者若能够抓住这一良机,对此做出准确的分析与判断,并将机会转变为企业的盈利,那么无疑是打开了企业创新的"阀门"。

如果企业突然亏损,这意味着企业存在着比较严重的问题。这种突发情况会刺激管理者对企业进行重新审视,审视过程中,管理者会深入分析失败的原因,并针对企业的不足制定相应的解决方案,这看似是一件失败的事,然而蕴含着将失败转变为机遇的潜能,只要能够正视失败,进行适当的创新与改进,或许就能够在短时间内改变企业的颓势。

2. 企业的生产状况

生产活动是企业的主要任务,无论何时,生产出能够满足消费者需求的高质量产品永远是第一位的。如果企业的生产线一直保持在一个比较良好的状态,那么管理者或许不会考虑提升生产效率,或转变生产方式等问题。假如企业内部的生产工作经常出现一些相同的问题,这足以引起管理者的注意了。生产过程中的薄弱环节会促使管理者思考生产工艺创新方面的问题。

(二)外部因素

外部因素主要包括行业的发展情况、消费者的构成情况。

1. 行业的发展情况

行业处于社会之中,伴随着社会与时代的发展,各行各业也处于不断变化之中。行业群体与个别企业相当于整体与局部的关系,行业的发展方向能够影响个别企业的未来规划。如果整个行业的发展势头良好,那么个别企业也会根据自己进行市场调查的经验,保持当下的发展方案,以获取更高额的利润；如果整个行业的前景渺茫，那么个别企业也会提前制定预案，改变发展方向。当然，如果行业中的诸多企业都开始进行相应地创新，那么对个别企业，无疑也会产生巨大影响，各企业也会纷纷效仿，力图实现技术创新，以解决旧有的问题，应对行业市场结构的不确定性。

2. 消费者的构成情况

消费者因素对企业经营的影响是多方位的。作为企业经营中一种必不可少的资源，消费者的变化直接决定着劳动力市场的供给，从而影响企业的生产成本；作为企业产品的最终用户，消费者及其构成确定了市场的结构及其规模。因此，消费者的变化有可能为企业的技术创新提供契机。

作为一种经营资源的消费者，其有关因素，如人口数量、年龄结构、收入构成、就业水平以及受教育程度等的变化相对具有可视性，其变化结果也比较容易预测。例如，就业人口中已经从业的年限决定了未来若干年内每年退休人员的数量。根据资料分析，企业大致可以判断未来劳动市场的供给情况以及工业对劳动力的需求压力，从中分析企业创新的机会。

第二节 企业技术创新机制

一、企业技术创新的扩散机制

企业技术创新的扩散机制，是以企业的核心技术或专项能力进行扩散的一种机制。具体来说，就是企业技术创新通过特定渠道在潜在使用者之间的传播与采用的过程。新型技术在企业间的有效传播与影响，能够促进行业水平提升，对产业发展具有一定的积极意义。

（一）技术创新扩散的相关概念

1. 技术创新扩散的定义

学者们对技术创新扩散有着丰富的研究，著名经济学家熊彼特认为，技术创新大面积或大规模的"模仿"是技术扩散。舒尔茨则认为，技术创新扩散是创新通过市场或非市场的渠道的传播。梅特卡夫却认为，技术创新扩散是一种选择过程。这种选择过程包含两层含义：①企业对各种不同层次的技术的选择，任何企业都希望选择最成熟、最领先，最具有发展优势的技术；②顾客对不同企业的选择，任何顾客都希望买到质量好、价格低廉的产品，他们倾向于选择生产这类产品的企业。笔者认为，技术创新扩散，是企业在自身的各种技术上做出创新，并将这些创新点扩散到自身企业的其他领域，或其他企业之中的过程。从科技进步的角度看，技术创新不只在于本身价值的多少，更在于技术创新扩散对增强创新效果、加速科技进步有着重大意义。

2. 技术创新扩散的影响因素

对技术创新扩散造成影响的因素主要包括创新本身因素、用户因素、信息因素、环境因素四个方面。

（1）创新本身因素。创新本身因素包含创新的成本费用、创新的盈利性、其他因素。

成本费用包括进行一系列创新活动实践时，企业所需要消耗的基本费用，如购买费、运输费等。如果企业本身的经费比较充足，能够负担得起这些费用，那么对技术创新没有明显的影响。如果企业本就在资金方面"捉襟见肘"，那么这一笔费用的开销很可能会使得创新陷入停滞。所以，在技术创新之前，企业一定要对资金流的情况有一个比较准确的判断。

创新的盈利性也是十分关键的一个方面。任何企业都希望通过技术创新来获取利润。但是创新活动必然伴随着成本的增加，有些企业可能希望降低成本，降低价格，以更好的占据市场。可成本降低意味着品质下降，这样反而容易造成消费者的不满。所以企业最好把盈利性暂时排在创新性的后面，否则容易受其影响，导致技术创新扩散陷入"瓶颈"。

其他因素，包括企业技术创新扩散过程中客观存在，但是又在创新的初期难以发现的一些难以预计的因素。例如，技术创新取得一定的成果之后，是否会在近期内出现与之具有相似效用的其他创新。又如，创新如果在理论上能够为企业带来较高的收益，却并未在实际应用中凸显出来，则会影响创新扩散进程等。

（2）用户因素。企业采用创新技术后能否取得期望的技术优势和经济效益，这不仅取决于创新本身的技术和经济特性，还取决于采用创新企业的技术和经济特点。影响用户采用创新的因素主要有企业的技术水平、经济规模、经营管理水平和企业的决策结构。

（3）信息因素。技术创新的潜在用户在获得有关技术创新的信息后，一般先要评估这项创新是否适合自己所处的特定环境。要估计是否需要对技术本身或自己现有的技术系统进行必要的修改，怎样进行修改，还要估计采用创新的成本和收益等问题。只有在进行系统评估后，潜在采用者才会做出是否采用创新的决策。实践表明，技术扩散总是落后于信息的扩散，其模式存在着巨大的差异。虽然现代的信息传播技术已使同一个行业的所有企业能在极短时间内几乎同时获得有关创新的信息，但创新不可能在极短时间内同时扩散到行业的所有企业。因此，信息的传播并不等于技术扩散，但它是技术扩散的先决条件，不可能不对其产生重要影响。当然，起主要作用的不是信息的传播速度和信息量，而是信息所包含的实质内容或信息的质量、获得关键信息所需的费用和信息的不确定性。

（4）环境因素。环境因素主要包括政策环境与市场环境。企业受到市场的影响，更受到政策的调控与制约。市场中，行业的发展情况如何，行业未来的前景如何，行业消费者数量的多少，都是影响企业的重要因素。而政策由政府根据社会发展的实际情况制定，具有调整市场结构，稳定社会秩序的重要作用。

3.技术创新扩散的两种模式

技术创新扩散主要包含两种模式，分别是内部扩散与外部扩散。

（1）内部扩散。这种模式是企业内部所进行的扩散，以大型公司或跨国公司居多。在这种大型的企业中，一般具有许多子公司、分公司、分工厂，当核心技术研发基地发明了新的技术，完成了技术创新之后，这一技术无法瞬间传达到企业下属的所有分公司。这时就要进行企业内部扩散，要由专业人员将该技术向子公司、分公司、分工厂进行输出,达到创新技术在企业各个领域都能得到运用的局面。

(2)外部扩散。这种模式是某企业与其他企业所进行的扩散过程,无论在规模上还是数量上,外部扩散比内部扩散都要更大更多。通俗来讲,外部扩散就是由扩散源(技术创新企业)将新技术扩散至其他企业,而受到扩散的企业,在不断运用新技术的过程中,充分理解和研究新技术。久而久之,该企业也可能会成为新的扩散源,所以扩散源的数量越来越多。

(二)企业技术创新扩散机制的实施

企业技术创新扩散机制在实施过程中,主要包含三种不同的模式,分别为政府导向型的政策式扩散模式(简称政策式)、企业导向型的集团式扩散模式(简称集团式)、市场导向型的交易式扩散模式(简称交易式)。

1. 政策式

政府在宏观上把握企业发展,先了解各企业创新的基本情况,找到适合进一步进行技术创新的潜力性企业。为它们专门兴建科技园区,在园区内建设密集性高科技研发基地,引导产业发挥群体效应,带动区域经济发展。为了进一步实现扩散效应,政府可以根据市场的发展情况对政策进行战略性调整,对高新技术产业的方方面面提出更加科学、更加公平的规定。例如,对税收、资金信贷、外资引进、设备折旧、产品定价等方面制定政策,宏观调整。

2. 集团式

集团式是部分企业以自身比较先进的技术优势,雄厚的资金优势,以及行业内的影响力,对其他企业进行支持,将自身内部具有一定先进性的龙头技术和产业结构扩散到其他的企业之中,助力行业内各企业的发展与转型的模式。对绝大多数的企业而言,都不愿意无偿将自己多年研发的成果"拱手让人",事实上,这种扩散机制更像是一种交易。

一般来讲,这种扩散机制的运转需要以下要素进行触发:其一,生产水平比较先进的企业急需资金或人才,而这一新型技术也将在较短时间内面临更新换代,于是管理者便有了扩散新型技术的设想,希望通过扩散行为、换取有利于企业发展的人才、资金、设备等；其二，生产水平比较落后的企业希望实现技术上的飞跃，致力提升企业内部的生产能力，具有引进新型技术的强烈意愿与需求。当双方都希望进行扩散时，这一活动才能够实现，如果有一方不同意，技术创新扩散也必将宣告失败。

3.交易式

这种模式是多数传统中小企业到市场上获取技术信息，以交易方式得到技术实体，使得一项新技术能够在市场机制作用下扩散。对那些受资金、人才等创新约束的小企业来说，这种技术采纳具有便利性的特点。当然这以技术市场完善、信息对称为前提。

二、企业技术创新的激励机制

激励机制是管理者为了达到既定的目标而制定的一整套具有激励性的管理制度，对企业而言，激励机制的合理制定与科学运用可以有效促进企业技术创新。

（一）激励机制的相关概念

推进企业技术创新，根本要义在于，通过调动创新主体的积极性来实现创新。应通过建立科学有效的激励机制，充分调动广大科技工作者以及企业一线员工等全社会的创新积极性。

1.激励机制的定义

关于激励机制，学者对其研究颇丰，定义的种类也较为多样。罗新远认为，激励机制是通过一套理性化制度来反映激励主体与激励客体相互作用的方式。但多数学者认为，激励机制是通过特定的方法与管理体系，将员工对组织及工作的承诺最大化的过程。激励机制是在组织系统中，激励主体系统运用多种激励手段并使之规范化和相对固定化，而与激励客体相互作用、相互制约的结构、方式、关系及演变规律的总和。

2.激励机制的内容

根据激励机制的定义来分析，其包含四个方面的内容，即精神激励、薪酬激励、荣誉激励、工作激励。

（1）精神激励。精神激励是一种针对员工内在心理与情绪的激励方式，主要体现为对员工工作结果的认可与肯定；公开透明的晋升渠道；进一步提升能力的机会；弹性工作实践等。由于精神激励一般不涉及薪水待遇等物质性的奖励，所以管理者在进行精神激励之前，必须要充分了解员工的内心，多关心他们的生活，这样才能知道他们最关心的问题，并以此进行激励。

（2）薪酬激励。薪酬是企业员工完成管理者要求的劳动任务后，应当获得的所有劳动报酬的总和。薪酬激励，就是管理者为了调动员工的工作积极性，提升企业的经济效益，以薪酬作为奖励，而制定并实行的一种激励手段。

（3）荣誉激励。荣誉激励是一种终极的激励手段，主要是把工作成绩与晋级、提升、选模范、评先进联系起来，主要的方法是表扬、奖励、经验介绍等。荣誉可以成为不断鞭策荣誉获得者保持和发扬成绩的力量，还可以对其他人产生感召力，激发比、学、赶、超的动力，从而产生较好的激励效果。

（4）工作激励。工作激励是调整员工的工作方式与工作内容，使之产生相应的成就感，以调动员工工作的积极性的一种激励方式。例如，在了解员工工作能力与擅长方向的基础上，为员工特地安排具有一定挑战性与管理性的岗位，在新的岗位上，员工会明显感到管理者对自己的器重，同时，员工被赋予的管理权也能满足其自我实现的需要。

3.激励机制的意义

激励机制对企业的发展意义重大，有效的激励，能够统一员工、管理者的目标，使之达成"统一战线"，助力共赢的实现。

（1）激励机制有助于提高员工的忠诚度。员工和企业的目的具有隐藏的一致性，都是以经济为目标。但是员工与老板由于职位不同，负责的事务不同，难免会产生一些隔阂，这就在某些情况下导致员工工作效率低，工作积极性下降。老板只有适当实行激励机制，为员工增加收益，才能有效提高员工的忠诚度。同时，还能帮助企业留住人才，吸引人才。

（2）激励机制有助于提高员工的工作效率。对绝大多数的员工来讲，即使特别喜欢某一份工作，也会因为长期地重复劳动而感到厌倦，这时工作效率就会大打折扣。而适当的激励,会瞬间让员工充满干劲,以饱满的热情投入工作,从而提高工作效率。

(3)激励机制有助于提高企业的竞争力。完善的激励机制使企业能够储备大量优秀人才,而人才是决定企业市场竞争力的重要因素,有了优秀的人才,企业才能不断推陈出新,在单位成本内为用户创造更多的价值,使企业获得更高的利润,并不断获得市场竞争力的提升。

(二)企业技术创新激励机制的实施

人力资源是企业长久发展的重点,高精尖人才则是人力资源的重点,在企业内部建立健全技术创新激励机制,能够有效激发员工的工作积极性,调动其工作热情,充分发挥其主观能动性,以更好地完成各项工作。如果缺乏激励机制,那么企业内部技术创新的积极性与有效性将会大打折扣。为此,美国哈佛大学的教授詹姆斯曾做过一个有趣的实验,实验表明:如果没有激励,一个人的能力仅仅能发挥20%～30%;如果进行有效激励,那么其工作能力将发挥80%～90%。激励机制的实施,需要从以下几个方面着手。

1. 应当建立科学的考核评价体系

考核评价是实行激励机制的前提、依据和标准。在不同的企业中,不同的岗位有着不同的分工,即使在相同的企业中,工作的难易程度与侧重方向也会千差万别。那么,管理者要如何评判哪一位员工的工作比较出色,并适当予以奖励呢?考核评价则能够有效解决这一问题。考核评价是根据企业工作的具体内容与基本目标而制定的一套体系,具有一定的特殊性与阶段性,也就是说,同一套考核评价体系不可能适用所有企业,即使是同一家企业,在不同的发展阶段也应该适当进行更换。评价的指标一般包括工作效率、工作态度、创新精神、团队精神等方面。要在各部门内部定期召开小型会议,会议由主管召开,下属员工汇报个人工作情况,包括个人任务完成的进度,工作中遇到的问题等内容;要成立考察巡视小组,小组成员由各部门选派专门担任,定期在各个岗位进行检查,并对检查结果进行统计,总结员工的工作完成情况;要在考察巡视小组之外,成立监督巡视小组的又一组织,这一组织直接为高层管理者负责,以确保巡视小组所搜集和汇报的资料足够公正与客观。总之，考核评价体系一定要全面、公正、客观，只有以此为标准，才能保证之后的激励措施真正发挥其应有的作用与职能。

2.应当制定多样化的激励手段，开通多种激励渠道

企业内员工数量众多，不同的员工有着不同的需求，想要更有效地实现激励，要从员工的需求点入手。正如上文所述，激励手段虽然多样，但是总的来说包含物质激励与精神激励两个方面。物质激励是最基本、最直接的激励方式。物质激励可以从以下几个方面展开：其一，实行经济目标责任制考核，把科技开发和经济效益相联系，通过内部经济责任制分解落实，充分调动员工的积极性；其二，根据员工对企业做出的贡献，划分待遇层级。例如，对企业的科研、营销、管理等方面做出突出贡献的员工，给予晋升、住房、待遇等方面的奖励，并享受相关的优惠政策，激励他们在今后的工作中保持原有的热忱；其三，对企业员工适当进行股权奖励，对表现优异，为企业提升产能做出突出贡献的员工运用产权进行激励。

我国的海信集团就曾运用这一激励手段，取得了不错的成绩，20世纪末，海信集团开始倡导打破"平均主义"，要求对做出突出贡献的员工给予更多的奖励，并在21世纪初设计了在当时比较先进的股权激励方案，让许多技术骨干享受股份。精神激励是不容忽视的一种激励手段：其一，提升员工的成就感，企业应当赋予员工以更多的自主权、决策权，让他们在一些小事上"自己拿主意""自己做自己的主人"，这样一来，员工会有成就感，并真正把公司的事当成自己的事，全身心投入工作中；其二，提升员工的满足感，为员工分配具有一定挑战性、趣味性的工作。当员工接受这样的工作任务时，会感觉更有工作的激情，同时，完成这种富有挑战性的工作后，他们也会感觉更加满足，这有时比实际到手多少薪水有着更强的激励作用。在这一点上，美国的3M公司做得很好，该公司为了实现阶段性突破，制定了一套切实可行的激励机制：要求公司的科研人员花掉15%的工作时间，在自行选定的区域内从事研究活动与创造活动，这极大调动了员工的积极性；其三，加强工作人员之间的交流与沟通，为他们营造一个充满温暖、利于交流的平台，管理者也会参与其中，与员工们在一起谈心。这既有助于企业的管理者更全面深入地了解员工内心所想，又有

助于员工与员工、员工与老板之间拉近距离,建立互相尊重的合作关系,激发工作的积极性,促使企业产生更大的向心力。

3.应当提供更多优质的培训机会

培训不仅有助于员工业务能力的提升,还有助于员工感受到老板对自己的器重与信任。在工作中,员工希望赚取更多的薪水,同时更希望实现自己的价值,包括能力与素质的提升,对自我的超越等。所以,企业要认清员工的这一需求,为之开辟一条优质的培训之路,要把培训作为激励科研人员积极向上,不断进取的重要手段,给他们以"充电"的机会。需要注意的是,培训活动并非所有员工全部参加,要针对那些平常表现比较优异,具有一定的上升空间的员工开展培训,这也是对"公平竞争,择优培训"这一原则的践行。

总之,如今社会形势迅速变迁,科学技术日新月异,企业必须意识到创新与科研的重要性。而想要提升企业的创新与科研能力,就绝对少不了相关的专业人才。企业一定要建立完善的激励机制,吸引人才、留住人才、培养人才,让他们为企业的发展发光发热。

三、企业技术创新的保障机制

保障,原本指社会成员正常生活、工作,在社会中受到的有效支撑与保护等。例如,基本生存、就业、义务教育、养老等。在经济学中,学者引入保障一词,创建保障机制。

保障机制,是帮助企业预知风险、应对风险,以便于今后再次遇到相似的问题,能够妥善解决的体系。各企业为了获得长久的发展,都应当提前制定好相应的保障机制,使企业在面临内在或外在威胁时,可以不受侵害。

企业技术创新的保障机制,是为技术创新"保驾护航",确保创新活动顺利完成的一套机制。该机制主要是对企业在创新过程中可能面临的各种风险做出预防,并提前制订出现紧急情况时的应对预案。

(一)加大对企业的政策保障力度

政府对社会的发展与稳定起到重要的保护作用。人们的任何行为,以及社会组织的各种活动虽然受到政府制定的各种法律法规的约束，但同时也受到相应的保护，可以说，政府为我们的生活与工作提供了强有力的全面保障。

当代社会科学技术迅猛发展，具有一定创新能力的企业，对拉动社会内需，促进经济水平提高，具有极其重要的作用，在新的社会舞台上，逐渐体现出难以取代的作用。同时，如今的经济形势变动异常剧烈，各种新型技术与新型产品更新换代的速度飞快。以手机为例，刚刚发布并出售的新款手机，仅仅在两到三个月之后就会出现一次降价，再过一段时间，运用更加先进技术的新款手机又将问世。可见，企业的技术创新速度越来越快，人们越来越注重创新。

值得注意的是，创新具有一定的风险性与未知性，创新可能成功，也可能失败。有些企业实力比较雄厚，无论是人力、财力、物力都足以经受技术创新失败的打击，而有些中小企业本就实力不强，如果创新失败，那么很可能直接面临破产。为了促进各行各业的发展，促进市场整体创新的氛围愈发浓郁，政府应当为企业的技术创新"保驾护航"。

1. 要建立企业保障体系

企业保障体系的完善与否，直接关系到企业能否继续获取利益，乃至今后能否正常运转。要增加对企业尤其是资金比较薄弱的中小型企业，以及创新型企业的保障，助力其加快创新步伐。例如，为企业开辟人才引进的平台，帮助其招收大量优秀人才；当企业出现经营方面的困难，包括创新动能不足，资金流短缺时，有关部门有针对性地对其发放补贴，降低贷款门槛，助力企业创新升级等。

2. 要完善企业税收制度

要规范行政行为，避免出现任何违规收税行为；要明确费用明晰，简化收费流程，加快审批进度；要根据市场发展与企业创新的形式，适当降低中小企业的税收负担；要为准备尝试或正在尝试技术创新的企业开通税收绿色通道，为他们提供相应的税收优惠服务。例如，可以考虑对这些技术创新企业免征增值税，或者考虑提高小规模纳税人的纳税标准等。

3.要支持企业资金融通

企业的正常运转,需要资金链进行维系,如果企业资金融通出现问题,资金就无法顺利周转。在企业需要提供资金的时候出现资金匮乏,那么将会直接引发企业内部的不安定因素,严重时甚至会造成破产。在我国,一部分中小企业融资能力较差,这也是当下市场环境难以避免的一种情况。我们可以效仿发达国家在这一方面的经验,要在财政预算中建立企业贷款风险准备金,当企业贷款难以发放时,可以暂时启动准备金,以解燃眉之急;要设立支持企业发展的基金,帮助企业进行创新活动等。

(二)建立健全企业相关法律体系

法律法规具有强制性、约束性,对稳定社会结构具有难以替代的重要作用,对企业发展也具有极强的保障作用。政府要建立健全企业相关的法律法规,从法律层面,为企业的创新与发展构建更加公平、公开、透明的环境。

1.要完善企业相关的法律条文

尽量赋予企业更多的自由权、决策权、主动权,让其在市场中能够自己管理企业事务,而非受制于其他单位,在自由竞争的大环境下,找准自己的优势进行创新发展。

2.要完善关于企业利益的法律条文

如今各国经济斗争剧烈,即使在国内,各行各业也已经接近饱和,有些企业的正常生存已经成为难题。为了促进企业尤其是中小型企业的发展,应适当补充利于企业创新发展的法律条文,更加重视企业的利益,通过各种渠道,为它们的发展赋能。

3.要完善关于企业受到侵害时的保护性法律条文

"弱肉强食"这一自然法则在商业界同样适用,弱小的企业很容易受到市场或大型企业的影响,致使企业的正常生产出现问题。此外,也有一些别有用心的投机分子会钻法律的空子,以企业的利益去换取自己的个人利益。所以,政府要完善企业相关的保护性法律条文,给企业更多法律保障,让实力比较微弱的企业在经历意外之后,仍然有"翻盘"的机会。市场上存在的企业数量越多,企业间的竞争越激烈,也就意味着技术创新成功的概率越大。

(三)提高企业对风险的预测与控制能力

企业在无形的社会与市场中,不可避免地会受到各种因素的影响,包括社会因素、政策因素、人口因素、行业因素等。为了健全保障机制,必须做好风险防控,着力提升企业的风险预测能力与控制能力。

1. 要强化风险意识

企业中包含不同的阶层,上至管理阶层,下至基层员工。虽然进行决策的从来都是企业中的少部分管理者,员工只是完成管理者所下达的任务,但是企业中的全部人员共同构成企业的整体,每一个人的工作行为都对企业的发展产生着可大可小的影响,所以企业中的全部人员都应该树立风险意识。其一,应当正确认识风险本质。风险是普遍、客观存在于世界上的,时刻与人类共存,人类不可能完全消除风险,任何企业也无法完全规避风险。但是人们可以通过努力,尽可能减小风险造成的损失;其二,应当把风险意识的强化融入企业文化建设的全过程。要大力培育和塑造良好的风险管理文化,树立正确的风险管理理念,增强员工风险管理意识,将风险管理意识转化为员工的共同认识和自觉行动,保障企业风险管理目标的实现;其三,应当运用培训和教育增强员工风险管理意识。要结合公司的实际,采取多种途径和形式,不断灌输风险管理理念、知识、流程、管控机制和内容,抓紧培养风险管理的专门人才。

2. 要加强风险分析

风险潜藏在企业的各个角落,当企业进行技术创新时,意味着打破常规、推陈出新,此时风险指数很可能会明显增加。企业要加强风险分析,尽量避免企业危机情况的发生。其一,应当强化企业内部的风险防范会计系统,在信息时代要大量运用信息技术,通过大数据进行测算。例如,企业内部会计专业人员运用计算机处理财务数据,进行大范围比较分析,对每一处可疑的信息都要提高警惕,如果发现了异常的数值要及时报警,做好预防;其二,应当明确企业的风险评估原则。在进行风险评估与风险分析时,要做到科学预测,抓大放小,转化措施,从而最大限度地降低风所带来的损失。

3.要完善风险处理

能够在最短的时间内对风险做出预测、分析、判断,只是在风险防控的工作中成功了一半。之后,企业还需要有专门人员对风险进行科学化的处理,以应对风险,控制风险,并争取实现转化风险。在风险较小或尚且存在规避风险的可能时,要尽可能规避风险,如企业某些项目暂时超出预算,要紧急暂停及时回避,等到时机成熟再继续开展该项目。在风险无力规避时,要正确接受和对待风险,要确认风险的威胁程度,制定相应的对策与方案。需要注意的是,无论是规避风险还是应对风险,主体都是企业中的成员,所以人的主体的重要性必须在此时凸显出来。风险处理过程中,必须充分发挥专业人员的主观能动性,任何制度和方案都并非一成不变,在应对突发情况时,要学会根据实际情况,做出更加准确的判断。

4.要成立风险管控质量监督体系

在偌大的企业中,由于长期重复某一项工作,许多员工可能会产生疲惫感,偶尔会出现消极怠工的情况。风险分析部门的技术人员同样如此,员工很可能恰巧由于个人原因,而在工作上出现疏漏,导致风险分析出现偏差,这有可能给企业带来难以挽回的损失。为此,企业必须严查工作质量,做好工作监督,成立巡查小组,定期对各部门的员工进行审查,以确保技术人员积极地对待工作,以应对复杂多变的市场情况。

第三节 企业技术创新模式

创新是当代社会的主题。随着科学技术与生产能力的不断提升,各企业在技术领域都比较相似,简单来说,就是A企业能够生产的产品,B企业和C企业乃至其他企业都能够生产。同时,国内经济发展迅速,人们的生活水平不断提高,购买力显著增强,如果各企业商品的各方面属性都趋于一致，没有能够吸引消费者的"亮点"，那么就很难取得销量的提升和明显的经济效益提升。如果 A 企业、B 企业、C 企业同时生产商品 M，三家企业的产品基本相似，无论是外观、作用都大同小异，那么在市场中，几家企业的产品销量将趋于平均。但是，如果其中一家企业进行技术创新，明显提升产品质量，凸显创新性，就可以在其他企业中脱颖而出，吸引更多的消费者。即使不搞产品的创新，而是着重提升生产效率，降低生产成本，从而以更低的价格进行售卖，也能够收获广阔的市场。总之，企业进行技术创新既是必要的，也是必需的。

在了解企业技术创新的重要性之后，我们不禁要问，怎样进行技术创新或技术创新有怎样的方式与模式。笔者认为，企业技术创新模式比较多样，这主要是由市场结构、消费需求等多种因素共同决定的。其中，最为主要的企业技术创新模式为突破式创新与渐进式创新。

一、突破式创新模式

突破式创新是以全新的方式呈现全新的产品或服务，资金需求量较大，技术难度高，可以是产品用途及其应用原理发生显著变化的创新，使企业在本技术领域保持技术或服务的领先地位。突破式创新的重点在于突破，在于转变既往的发展思路，实现企业技术的重大飞跃，表现在效率的提升、资源的高效利用、成本能耗的降低等方面。如果企业能够运用这种创新模式，并将其转化为现实，将会带给消费者十足的新鲜感，从而产生明显强于其他同行企业的竞争力。

突破式创新虽然优势颇多，但是实现突破也并非一件易事，企业将在这漫长的"征程"中面临各种挑战，并将运用一切能够动用的手段与技术，将挑战转变为创新的机遇。

洛克菲勒曾经说过："经济的成功不是来自于做别人做得很好的事情，而是来自于别人不能做，或者别人做不好的事情。"[1] 突破式创新所做的就是洛克菲勒口中"别人不能做，或者别人做不好的事情"，这也更加突出了突破式创新的困难性与挑战性。即便如此，许多企业尤其是美国的部分企业

---

[1] 那英：《企业创新与专利信息利用实务》，北京，知识产权出版社，2014: 19。

十分重视创新，甚至将突破式创新作为企业发展的不二法门，管理者认为一味求稳固然能够保持企业在一段时期内持续正常运转，却无法创造更多的收益与价值，于是他们把突破变成企业的根本追求。有学者表明，美国的技术创新有78%为突破式的技术，这成为助力美国经济繁荣的有效推手。

据统计，实现突破式创新的企业多具有雄厚的资金，以及大量高精尖技术人员。一方面，企业的资金能够为之提供强有力的物质保障，保障企业接下来所进行的一系列科研工作；另一方面，企业内的技术人员思维比较活跃，具有一定的创新能力，他们能够为企业的发展与创新出谋划策。

随着时代的发展，曾经广泛存在于美国的突破式创新模式，如今已在我国有所体现，越来越多的企业开始意识到这种技术创新模式的重要性，并为之做出努力。

二、渐进式创新模式

渐进式创新是在不进行重大改变或基本不改变原有的生产方式与技术手段，同时不进行大额投资的情况下，只是最大限度地去改变现有产品生产流程的创新模式。渐进式创新面临的挑战是只对现有产品扩展功能或对传统技术的较小改变，会排除掉许多潜在的、有价值的改进，也会排除对新产品的开发设计。渐进式创新可以保持优势，但是很容易被突破式创新所取代。

该创新模式虽然没有突破式的瞬间性、爆发性、阶段性的特点，但是经过一段时间的摸索与磨合，能够有效提升产品的附加值，从侧面提升产品的吸引力，从而帮助企业获得市场上的竞争优势。渐进式创新相比于突破式创新，最大的区别就在于前者没有技术方面的突破与变化，但是这种模式更加稳妥，企业在创新过程中不会发生明显的变动，不会由于某些失误而造成重大损失。如果说突破式创新是一次具有较大风险的尝试，那么渐进式创新就是一种比较保守稳妥的发展模式。

渐进式创新比较适合经济基础薄弱，但是产业结构合理，管理有序的企业。其重点在于稳扎稳打、步步为营，所以企业的质量管理必须全面，体系构建必须均衡，内部环境必须公平安全。企业管理者要严把质量关，继续保持企业的稳定运转，同时致力提升员工工作的积极性、创新性和创造性。要不断对员工的创新活动予以支持，促使量变转化为质变。

第八章 山东迈源集团创新发展案例分析

第一节 山东迈源集团简介

山东迈源集团成立于2013年12月,位于驰名中外的大蒜之乡——金乡县,公司注册资金一亿元,拥有各类管理人员300余人,各类专业技术人员160余人,各类注册人员130余人。全国分支机构10余个,业务遍及全国,连续两年合同额突破三十亿元大关。

山东迈源集团由赵国建一手创办,虽然前期以小包工头、小作坊形式出现,经济规模很小,但从创业伊始,赵国建就注重自强不息、诚实守信、一诺千金的商业精神。他始终把"诚信"作为公司发展及管理的安身立命之本,建立以人为本的具有中国特色的企业文化是他的心愿,赵国建说,如果离开儒家传统思想,离开以人为本,远离敬畏天地,那么任何事业都不可能保持长久,他希望能够将根植于儒家哲学思想的企业文化运用到具体的企业管理实践中,促进迈源集团公司的和谐发展,实现企业效益、社会公益、员工群体共赢,达到企业永续经营的理想目标。

在赵国建的辛勤耕耘下,山东迈源集团越做越大,从最早的小规模作坊,到今天的大型企业,公司发生了翻天覆地的变化。在企业规模不断扩大的同时，赵国建不忘初心，他把诚信作为第一准则，严把工程质量关。

山东迈源集团目前具有市政公用工程施工总承包一级资质、建筑工程施工总承包二级资质、钢结构工程专业承包二级资质、水利水电工程施工总承包三级资质、环保工程专业承包三级资质。

山东迈源集团已通过国家质量管理体系、环境管理体系、职业健康安全管理体系三大体系认证，国家企业信用等级AAA级。公司成立以来，坚持以人为本、追求卓越、诚信经营、优质服务的宗旨，秉承以质量求生存，以创新求发展的经营理念。工程质量连续多年保持一次性验收，且一次性验收合格率为100%。得到各级部门的表彰，先后获得山东省优秀市政工程施工企业、山东省市政金杯示范工程、山东省园林绿化优质工程奖、先进集体、先进单位、先进QC小组等奖项。

企业法人荣获金乡先进个人、五一劳动奖章等多项荣誉，公司10多名项目经理获得省级"优秀项目经理"称号。公司秉承"担当、奉献、创新"的企业价值观，通过捐资助学、养老助残等活动积极回报社会，赢得了社会的广泛赞誉。市县各级工会对公司的慷慨解囊，主动献爱心的行动给予充分肯定和大力表彰。公司组织机构健全，内设综合部、企业管理部、安全部、工程技术部、市场经营部、机电物资部、财务部、研发设计部、实验基地。各项管理规章制度健全，完成企业OA办公系统信息化平台建设，技术力量雄厚，拥有各类大中型工程机械设备及检测仪器。公司自成立以来一直秉承"百年大计、质量第一"的宗旨，赢得了良好的社会信誉。

第二节　山东迈源集团的发展历程

山东迈源集团自2013年成立以来，一直秉承质量第一，安全生产，文明施工的原则。在近十年的发展历程中，完成了大量工程项目，赢得了业界好评，并荣获多次表彰与殊荣。

在新时代，山东迈源建设集团积极应对当前复杂多变的经济形势，千方百计引燃员工的创新创效热情，结出了累累硕果，打造了效益增长新引擎。以下对山东迈源建设集团有限公司近年的工程概况与荣获的奖项进行简要的说明。

一、山东迈源集团近几年工程概况

山东迈源集团响应党和国家绿色生态的号召，深刻贯彻"绿水青山就是金山银山"的理念，主要以环境保护类工程为主。近几年来，公司完成了大量"绿色""环保""生态"项目，对山东省济宁市、泰安市、临沂市等地的生态网络的建设，起到了举足轻重的助推作用。

山东迈源集团近几年的主要工程案例如下。

（一）金乡县生态新城路网改建工程

工程内容包括金沙路北延工程，南北走向，道路全长4.8千米，工程造价为2 152万元，工程自2015年9月16日开工，2016年5月15日竣工，该工程被评为2017年度"山东省市政金杯示范工程"。

（二）金乡县百兴街景观绿化工程

工程西起金济河滨河东路，东至山阳路，工程内容包括河道开挖及砌筑、园路工程铺装、景观绿化、照明及给排水等，工程造价为912.294 304万元，工程自2017年7月10日开工，2018年1月10日竣工，并获得2017年度"山东省市政基础设施工程安全文明工地"。

（三）济宁新材料产业园区二期绿化工程二标段（综合服务楼节点广场）工程

工程位于济宁新材料园区综合服务楼前，工程内容包括105国道与中心大道交汇处节点和济宁新材料产业园区综合服务楼前广场道路及铺装、节点绿化亮化、室外管网等各项配套设施，工程造价为2 770.044 225万元，工程自2017年9月6日开工，2018年3月6日竣工。

（四）临沂市罗庄区高都办事处工业园区路提升改造工程

工程位于高都办事处工业园区内，工程内容包括工业园区内管网、路面、绿化，工业园区路两侧院墙，工程造价为 1 250.043 797 万元，工程自 2017 年 12 月 25 日开工，2018 年 2 月 23 日竣工。

（五）金乡县金山公园（二期）施工

工程位于金乡县崇文大道以北，青年路以东，山阳路以西，惠民路以南。该工程为金山公园二期保障公园范围内的供水管道、水表、加压设备工程、绿化工程、部分土石方及膜结构工程、亭子，数字监控施工，工程造价为 1 681.251 105 万元，工程自 2018 年 8 月 15 日开工，2018 年 11 月 14 日竣工，该工程被评为 2019 年度"山东省园林绿化优质工程"并荣获 2018 年度济宁市建设工程质量"运河杯"。

（六）金乡县金城路（金马河—金济河）道路排水改造工程

工程位于金城路，西起金马河，东至金济河，工程内容包括道路工程和排水工程，主要工程内容包括铺设 DN1000、DN1200、DN1300 、DN1500、DN1600 等塑料管，砌筑检查井等工程内容；工程造价为 2 930.651 321 万元，工程自 2019 年 6 月 27 日开工，2019 年 9 月 2 日竣工，获得 2019 年度"山东省建筑施工安全文明标准化工地"。

（七）泰安高新区 K3 单元—天门大街以南、胜利路以东地块规划道路建设工程（规划一路、规划二路和规划三路）施工

工程位于高新区 K3 单元—天门大街以南、胜利路以东地块，工程内容包括规划一路全长 720 米、规划二路全长 720 米、规划三路全长 835.75 米，主要包括道路、雨水、污水、电力土建部分、路灯及设施管线等工程内容，工程造价为 2 188.201 955 万元，工程自 2019 年 10 月 21 日开工，2020 年 2 月 17 日竣工。

（八）湖北省枣阳市新市镇污水管道二期工程

工程位于新市镇，总投资 2 148.02 万元，包含所有工程及责任期内的缺陷修复工程，工程自 2019 年 9 月 15 日开工，2019 年 12 月 31 日竣工，达到国家规范合格标准。

经过管理层几年的用心经营，进入 21 世纪的第二个十年，山东迈源集

团正在以更加饱满的热情迎接之后的工作任务。2022年4月，山东迈源集团再次中标，招标项目为山东省济宁市太白湖新区老旧小区雨污分流改造项目（施工）一标段，如表8-1所示。

表8-1　济宁市太白湖新区老旧小区雨污分流改造项目

招标项目名称	太白湖新区老旧小区雨污分流改造项目（施工）一标段	
项目编号	E3708010374005607001	固定资产投资项目代码　2111-370892-04-01-411528
中标内容	招标范围	本项目为太白湖新区老旧小区雨污分流改造项目（施工），本工程施工共分为两个标段，其中一标段为国光小区、国光佳苑两个小区雨污分流改造工程；二标段为燃料公司回迁社区宿舍、尹营回迁社区、甄庄小区宿舍三个小区雨污分流改造工程
	建设地点	济宁市太白湖新区
	定标日期	2022年4月8日
	定标方法	直接票决定标法
	中标人名称	山东迈源建设集团有限公司
	中标价（元）	6 958 622.53
	工期	90天
	项目负责人	赵国建
	评标委员会成员名单	王增丽、李秋影、赵传宝、王骞、陈立伟
	其他事项	—
	发布时间	2022年4月8日

二、山东迈源集团近年工程详细表

山东迈源集团近年工程详细表，如表8-2所示。

表8-2　山东迈源集团近年工程详细表

序号	项目名称	合同价格/万元	开工日期	竣工日期
1	山东金乡经济开发区金珠路西延（金曼克大道—滨河大道）道路排水建设项目	2 792.51	2019.2	2019.6
2	金乡县金城路（金马河—金济路）道路排水改造工程	2 930	2019.6	2019.8
3	石桥镇张桥片区(张东村、张西村、刘庄村、罗场村）美丽乡村建设项目（施工）	1 259.65	2019.9	2019.12
4	枣阳市新市镇污水管道二期工程	2 148.02	2019.9	2019.12

续表

序号	项目名称	合同价格/万元	开工日期	竣工日期
5	泰安高新区K3单元—天门大街以南、胜利路以东地块规划道路建设工程（规划一路、规划二路和规划三路）施工	2 188.20	2019.10	2020.2
6	2019年高新区路网桥梁提升工程（一标段）	33 950	2020.1	2021.2
7	东平街道乡村振兴片区6村农村生活污水治理工程（污水管网）项目	911	2020.3	2020.9
8	济宁化工园区九路一桥（新兴路东段）项目	17 950	2020.4	2021.5
9	微山县城区供水工程施工（四标段）	964.99	2020.5	2020.7
10	金乡县金沙湖湿地景区项目	32 967.23	2020.5	2021.3
11	宁东基地化工新材料园区及周边道路网优化工程恐龙路及光伏路项目施工	4 705.92	2020.6	2021.6
12	大高镇污水处理厂EPC项目	1 824.45	2020.6	2020.11
13	金乡县文化路（金马河—诚信大道）道路排水管道提升改造项目（施工）	5 972.83	2020.9	2021.3
14	大高镇污水处理厂EPC项目	1 824	2020.9	2021.3
15	曲阜市陵城镇崇文社区一期室外配套工程（施工）（二标段）	1 495	2020.9	2020.12
16	金乡县荷香路（金山街—金济河）道路排水管道提升改造项目（施工）	2 183.63	2020.9	2020.12
17	金乡县城市道路排水管道提升改造工程（文峰路中段、文峰桥工程）	13 837.84	2020.9	2021.9
18	金乡县老旧小区外市政基础设施建设及提升项目改造工程（金环路、奎星路、北斗街、向阳街、金山街）	3 365	2021.3	2021.5
19	五湖大道景观绿化工程	472	2021.4	2021.5
20	金乡县经济开发区产业园区基础设施建设项目（金曼克大道南延金城路—凯盛大道）	1 998	2021.4	2021.7
21	泗水县泗阳大道（中兴路—圣华路）非机动车道道路	645	2021.4	2021.7

三、山东迈源集团荣获殊荣与奖项

2016年，山东迈源集团完成的济宁市金乡县经济开发区崇文道雨水管道铺设工程，在2016年度全省市政建设基础设施工程安全文明工地考评中成绩优良,荣获"山东省市政工程安全文明工地"称号。

2017年,山东迈源集团荣获山东省城市建设管理协会授予的2017年度"山东省优秀市政工程施工企业"称号。

2017年,山东迈源集团完成的济宁金乡县生态新城路网改建工程,被山东省城市建设管理协会评为2017年度"山东省市政金杯示范工程"。

2017年,山东迈源集团完成的金乡县百兴路景观绿化工程施工工程,被山东省城市建设管理协会评为2017年度"山东省市政基础设施工程安全文明工地"。

2017年,山东迈源集团获得济宁市工商行政管理局2015—2016年度"守合同重信用"企业公示资格。

2019年,山东迈源集团施工的金乡县金山公园(二期)工程施工被山东省园林绿化行业协会评为2019年度"山东省园林绿化优质工程"三等奖。

2020年,山东迈源集团的"迈源"QC小组完成的"提高石灰稳定土在公路施工的应用和效益"成果,荣获山东省市政行业协会授予的2020年度"山东省市政工程建设QC小组活动成果先进奖"。

2020年,山东迈源集团在临沂市道路桥梁养护维修工作中表现突出,被临沂市城市道路管理处评为"先进单位"。

2021年,山东迈源集团荣获山东省市政行业协会授予的2020年度"山东省市政工程施工企业"称号。

2021年,山东迈源集团荣获金乡县住房和城乡建设局授予的"先进集体"称号。

第三节 山东迈源集团管理与技术的创新转型

山东迈源集团取得今日的辉煌成就,除企业管理阶层的英明决策,响应国家生态文明号召,积极开展环境保护相关的工程项目之外,还有一个重要的原因,那就是集团的管理模式比较先进,具有明显的创新性与多元性。

一、弹性管理制度

山东迈源集团推崇弹性管理制度,尊重企业中的任何一名员工。作为社会中的一员,任何人都时刻与社会发生着复杂的联系,在工作中,难免出现一些突发情况,而这些情况很可能会暂时影响手头的工作。集团秉持以人为本的原则,在不耽误本职工作的前提下,给予员工自主调整自己工作时间的权利。

(一)弹性管理简介

弹性管理,即管理模式注重灵活性与原则性,要求在不影响最终任务结果的前提下,尽可能让工作更加灵活,以更好地处理工作与生活之间的关系。具体来讲,弹性管理就是企业的管理者运用相应的管理手段,使员工在一定条件的约束下,具有一定自我调整、自我选择、自我管理的余地,从而实现动态管理。

据学者研究,早在20世纪80年代的美国与日本,已经有一些企业开始实行弹性管理,最早这种管理模式并不为人广泛接受,到20世纪末,越来越多的企业开始在企业管理中应用弹性管理模式,并取得了比较好的效果。

弹性管理具有特殊性、复合性、变化性。特殊性,指不同企业的实际情况有所不同,如管理者的管理能力、企业的工作方式等,所以弹性管理的具体实施细则也有着明显的差别;复合性,指弹性管理并不意味着放任自流,也不意味着束手束脚,而是在保证工作能够完成的前提下,对员工适当进行弹性管理,一定要控制在合理的范围之内;变化性,指社会情况不停地发生变化,为了适应这种变化,提升企业的综合实力,弹性管理的相关措施也要随之变化。

企业正确实施弹性管理,一方面,有助于组织系统内部的各个环节能够在一定的限度之内进行自我调整、自我管理,从而加强整体的配合与协作;另一方面,有助于企业增强对外界市场环境的适应能力。

(二)迈源集团弹性管理实践

山东迈源集团的领导层具有先进的创新意识,深入学习弹性管理的相关知识,并将这种管理模式运用到企业中,取得了良好的效果。迈源集团弹性管理始终遵循着特定的原则。

1. 始终坚持工作任务与弹性管理的统一

弹性管理不是弱化刚性管理，不是任由员工养成随意与懒散的习惯。迈源集团深刻认识到弹性管理的特点，把能否在既定时间内完成工作任务，作为弹性管理能否实施的重要参考指标。如果员工确保按时交付工作，那么按照人本原则，可以适当进行弹性调整；反之，如果员工尚不确定任务的交付日期，则应当实行刚性管理，这也是为客户负责，为项目负责。

2. 始终坚持将员工出色的工作能力作为弹性管理的前提

企业管理者注重人才，在知识经济和人才经济的时代，管理者深刻认识到人才的重要性，人才是企业发展与转型的助力引擎。对工作能力比较出色的员工，集团会赋予其更多的弹性调控工作时间的机会。这类员工工作能力较强，往往有着自己独到的见解与安排，如此一来，一方面有助于他们更好地安排自己的工作；另一方面也有助于提升他们的工作积极性，让自己成为自己工作的主人。当然，对平常工作态度不够积极，工作效率不高的员工，则暂不予以弹性工作的权利，这也是对他们未来工作的一种鞭策。

二、员工授权管理

有学者认为，在一个正常运作的企业中，总经理应该将20%的时间和精力用于公司的日常管理，而其他80%的时间和精力则应用在关注公司的整体发展战略和战略层面的管理工作，如公司战略管理、业务战略管理、组织战略管理、资源战略管理、核心人员管理等。如果一个企业的总经理将自己大部分的精力投入公司内部的日常运作上，而忽略了公司战略发展方向的思考和执行，必将使自己和公司陷入一片混乱，造成以下一些问题：决策权过于集中、决策者应接不暇、员工不能各负其责，进而影响公司对客户与市场的反应速度。公司很可能会因为决策时间过长而失掉客户和市场占有率。

山东迈源集团具有长远的战略发展眼光，管理者深知，任何一个领导者都不可能对所有的事情全权负责，要学会做到充分放权，尽可能给员工授权，实现员工授权管理。领导者负责企业战略方向的"大问题"，员工也能掌握日常工作事务的主动权，如管理者需要员工去采买相应的工作用品时，会对员工充分授权，给予员工充分的信任，而不是"从头管到尾"。

从科学领导的角度讲，授权是一种用人策略，能够使权力下移，而使每位下属感到自己是分担权力的主体，这样就会在权力的支配下形成更为有效的凝聚作用和责任力度。充分授权方式的最显著优点是能使下属在履行职责的工作中，实现自我，得到较大满足，并能充分发挥下属的主观能动性和创造性。对管理者而言，也能大大减少许多不必要的工作量。

从管理学的角度讲，把权力分解下去可以更好地使员工自由、主动、高效地完成公司的各项工作。授权建立在员工与领导者相互信任的基础上，员工充分认识到上级对自己的信任，会更加严格的执行任务。

山东迈源集团对员工的授权管理一般有着十分丰富而体系化的管理安排，以防止无限制的授权，而造成企业管理混乱。集团的领导层十分明确，授权并非放任。在实行授权管理的同时，企业也制定了相应的紧急应变计划，并采取能够有效降低风险和安全隐患的措施，做到"防患于未然"。集团密切注意风险发生的可能性，并由专门人员列出可能发生的风险，定期检查各项风险发生的概率，根据实际情况进行例外管理。

在具体的实践中，山东迈源集团在员工授权管理方面做出了以下创新。

1. 深度转变传统观念

传统企业紧紧将权力握在手中，没有丝毫的权力下放，把员工看成是盈利的工具，这成为企业发展的阻碍。迈源集团管理阶层十分尊重员工，重视员工的个人价值与个人能力，相信员工能够处理好基本的事务。管理者认为适当进行权力下放，把更多的时间用来制定宏观战略，而赋予员工决定具体问题的权利，是一种双赢的选择。

2. 对员工提出更高要求

传统的企业只是要求员工做好自己分内之事，一般没有更高层次的要求，也不对员工有更多的期望，这极大地限制了员工未来的发展，限制了他们的上升空间。而迈源集团的管理者对员工不断提出更高的要求，助力员工不断提升自身能力，以授权管理作为提升员工综合能力与综合素养的主要手段。当员工被授予一定的权利之后，他们的身份即从完全的服从者和被管理者转变成为具有一定自主决定权的员工，他们的积极性被充分调动，在工作中，则会运用自己的头脑帮助企业处理问题。这不仅有利于企业的发展，也有利于员工在思考与实践中学到新的东西。

3. 广泛开展交流活动

对多数传统企业来讲，只存在上级对下级下达命令的单向交流渠道，领导虽然能够快速下达指令，但是基层的情况领导却难以知晓。迈源集团打通"谏言渠道"，赋予基层员工以向上级表达意愿，传达信息的权利，任何员工都可以向上级提出疑问，征询企业未来的发展规划，并为领导提供具有一定价值的信息。

三、利益共享原则

利益共享，本是一个社会学中的概念，主要强调的是政府、市场、人民共同发挥有效合力，促进社会进步，而社会进步所带来的各项收益由所有人共同享有。劳动权益与资本权益的统一是共享利益形成的基础。在权力与利益的关系中，企业的劳动力所有者与资本所有者处于相互平等的地位。

在21世纪，利益共享原则在各个领域都能够显而易见，在市场中更是如此。越来越多的企业开始注重利益共享原则，而山东迈源集团早已对此提起了高度重视。在企业的发展与创新历程中，企业管理者明确表示，要始终坚持利益共享原则，即企业盈利老板收益的前提下，也要尽可能多地为员工谋福利，让员工与老板成为"利益共同体"。

事实上，老板与员工本就是一个辩证的统一体，老板一手创办企业，为员工提供就业机会和展示自我的平台，员工提供劳动与创造，所得利益既能满足员工追求，又能满足企业需求。二者最根本的诉求是一样的，因此他们能成为一个命运共同体。

利益共享的原理是生产要素分配理论中的边际生产力分配理论。各个要素联合生产，每个要素获取自己的边际生产力作为自己的报酬。所以说，利益共享并不是老板或者资本该得的利益让渡给员工，仍然是资本和劳动者分别按各自的边际生产力取得自己的报酬，本质就是公平分配，每个要素所有者都是按自己对生产的边际贡献获取自己的报酬。这样的利益共享才能长久，才能真正长远推动企业的发展。现实中不少老板通过资本优势占劳动者的便宜，这会导致资本和劳动者的冲突与摩擦，不利于企业的长期发展。当然，劳动者占资本的便宜，资本方就失去了继续扩大投资的动力，也不利于企业的长期发展。真正的利益共享就是资本和劳动者分工合作，创造最大的产出，资本和劳动者分别按各自的边际生产力获得合理的市场报酬。这才是真正的利益共享。

四、诚信企业文化

山东迈源集团与其他企业不同，有些企业完全以效益为先，过于注重经济效益，反而忽视了为人之根本——诚信。在山东迈源集团，管理层开创性地表示，任何工作都要以诚信为本。集团极为注重诚信，赵国建在创办企业之初就曾明确表示，集团中的任何员工，上至企业的高层管理者，下至企业的基层员工，都应当时刻以诚信作为原则，严格要求自己。

1.山东迈源集团对员工进行诚信教育

管理层表示，企业的员工必须要有敬业精神，对待工作认真谨慎，要做到精益求精，把工作当成自己的本职工作，不应付、不拖沓。只有以诚信的态度对待工作，才能赢得同事与领导的信任。其一，为员工讲解什么是诚信。诚信是中华民族的传统美德，"诚"更是中国传统文化中最重要的概念之一。早在先秦时期，我国儒学的开创者孔子就曾表达过诸多关于诚信的思想。"人而无信，不知其可也。""言必诚信，行必忠正。""言必信，行必果。"这都表明，讲求诚信是人的本质所在。素有"亚圣"之称的孟子对此也有较多的阐述，孟子曾云："出乎尔者，反乎尔者也。"同时，孟子还将"诚"作为其哲学的核心，甚至上升到本体论的高度，他说道："诚者，天之道也；思诚者，人之道也。"意思是"诚"是天道循环的根本与准则，时刻保持诚信，反思自己是否做到了诚信，这对于人是最重要的事。当代社会虽然相比于古代有着明显的进步，但是诚信这一主题却从未改变。在新时代，诚信是诚实和守信的统称，既能够体现出一个人的个性与价值取向，又与企业的顾客商誉价值紧密相连。诚信是人的可靠程度，是人品的核心，是责任的体现。作为员工，对待其他同事、领导、客户，都要秉持着诚信的原则，只有取得信任，才意味着能够被上级放心地赋予责任，被客户放心地交付订单；其二，为员工讲解如何践行诚信。企业管理层始终强调，员工必须求真务实，切勿弄虚作假。要以诚待人，坦诚交流，不可互相猜忌。要真诚热情，友善耐心，为客户全面讲解产品。

2. 山东迈源集团为员工制定诚信考评制度

集团主要负责各种建筑工程项目，这更要求企业诚信为先，要求定期组织考核评价，严格按条件进行考评。考评工作领导小组具体负责组织实施、考核、验收。诚信表现佳的员工具有评选年度优秀、先进工作者的权利。如果平日有员工举报或考评小组记录有诚信不良情况，那么则丧失年度评优的权利。

五、提倡团队精神

团队精神，是管理学中的重要词汇，深刻反映了个体利益与整体利益的统一性与辩证性。古时虽然没有团队精神这样的词汇，但是注重团体的思想却已然出现。在宗法制度为主导的中国古代社会，人们素来注重家庭，在他们眼中"家"与"国"是一个整体，正所谓"修身齐家治国"，才能"平天下"。发展到当代社会，团队精神已经成为我们每个人耳熟能详的词汇，在学校中，教师会教育学生团结友爱，在企业中，员工也应当学会协同合作。

各界学者与各企业集团也十分重视团队的重要性，山东迈源集团则是提倡团队精神的重要代表，集团管理层深刻意识到，只有企业内的各员工都具有一定的团队精神，真正把集团的事情当作自己的事情，才能够把工作做得越来越好。

具体来讲，一个企业具有浓郁的团队精神，对企业的内外部环境都具有一定的积极作用。

第一，团队精神有助于推动企业运作与发展。在团队精神的影响下，企业的任何员工都能够互相关心、互相了解、互相帮助，某一部门或某一员工的工作遇到了困难，其他员工愿意主动帮助，体现了关心团队的强烈主人翁意识。同时，人们会更加自觉地维护团队荣誉，时刻约束自己的行为，不因个人的失误而影响团队的成绩，从而促进企业进一步发展。

第二，团队精神有助于营造更加良好的企业氛围。在企业尤其是中大型企业中，员工数量众多，来自五湖四海，他们或许有着不同的生活习惯，在价值观念上或许也有细微的差异。但是，只要大家都具有一定的团队精神，就能把自己更好地融入集体，逐渐形成集体意识，在这种意识的作用下，员工会形成积极的工作态度以及友爱的企业氛围。

第三，团队精神有助于提高组织整体效能。通过发扬团队精神，加强建设，有助于进一步节省内耗。如果总是把时间花在怎样界定责任，应该找谁处理，让客户、员工团团转，这样就会降低企业成员的亲和力，损伤企业的凝聚力。如果具有团队精神，大家无须做出过多的责任认定等降低效率的事，都会愿意主动为企业负责。

在山东迈源集团，管理层在极为重视团队精神的前提下，遵循科学的原则，对企业内部提出了以下要求：

第一，各部门要明确提出团队目标。正确科学的目标能够指引接下来一系列工作朝着准确的方向前进，有效缩短工作耗费的时间，有效提升工作效率，并且还能给员工以奋斗的动力，调动他们工作的积极性。

第二，各部门要健全团队管理制度。明确的团队制度可以规范员工的工作行为，也与当代企业提出的标准化与制度化的要求相契合。如果缺乏行之有效的制度，就无法打造纪律严明、团队至上的优秀团队。

第三，要创造良好的沟通环境。众多员工处在同一家企业中，难免会有一些"磕碰"，员工要有效沟通，避免隔阂，以增强团队凝聚力。

第四，充分尊重每一名员工。尊重人是调动人的积极性的重要前提。尊重团队中的每一个人，人人都会感受到团队的温馨。关心成员的工作与生活，将会极大地激发成员献身事业的决心。

第五，增强员工的大局观念。个人与团队，局部与整体永远都是辩证的统一体，个人必须要以团队的目标为终极追求，从更加宏观的视角看待企业的发展。与团队其他成员风雨同行、同舟共济，时刻谨记团队目标，充分发挥自己的优势，为团队助力。

为此，集团制定了切实可行的方案，并在该方案的指导下，实现了团队创新的优异成绩。

1.培育共同的企业价值观

企业制度、企业规范,只能在有限和常规情况下,告诉员工"干什么"和"不干什么",因此,可以利用价值观来作为员工的各种行为准则,如培养员工的良好道德规范、道德修养,培养员工的个人修养,培养员工的正确人生价值、社会价值观念。

2.公司的管理层起表率作用

公司的决策者、各级管理者是团队的龙头,是团队的核心,管理人员的表率作用体现在给各部门制定相关的评估,考核机制。没有各部门的评估,考核机制,就不能看到领导起表率作用的成绩;给管理者一定的激励机制,通过奖励方式,才能保证管理阶层的带头作用。

3.激发员工的参与热情

企业的精神有赖于员工的参与,只有员工全方位地参与企业的经营管理,把个人的命运与企业未来的发展捆绑在一起,员工才会真心诚意地关心企业,才会与企业结成利益共同体和命运共同体。因此,企业必须建立"以人为本"的管理机制,制定相应的激励机制,如生产改进的激励、质量改进的激励、员工为企业创造价值的激励;将激励机制落实,只有这样员工才会感觉到其真实性;关心员工的生活,关心员工的思想状态,对员工反映的实际问题及时解决,条件不够、不能满足的,也要给员工一个答复;用人性的手段激励员工,如关心员工生日,给久未回家员工的父母送去问候等。

4.唤醒危机意识和忧患意识

危机意识和忧患意识是团队精神形成的客观条件,没有团队的觉悟,没有大家的奋起,没有危机的心态,一旦危机到来,就会措手不及。

5.积极发现员工的共同领域

团队的默契,源于团队成员之间自觉的了解和熟悉,而彼此之间的了解、熟悉又以共同的生活为基础,也是形成团队精神的必要条件,因此,按公司的实际情况来要求。例如,语言统一,在团队内部用统一的语言有利于员工之间的沟通,也有利于团队的团结;服装统一,统一的服装是团队精神的表现；礼仪、礼节的统一，这是公司文化修养的表现，也是公司形象的体现；当然，还要有其他的如利害关系的统一，大体匹配的文化层次，共同的兴奋点、兴趣等。

六、助力生态文明

（一）生态文明逐渐成为大势所趋

人类社会进入工业时代以来，为了获得经济与社会的发展，不断对生态环境加以破坏，对生态资源加以掠夺，虽然如今人类社会已经创造出灿烂的物质文明，但是却给自然界带来难以逆转的伤害。近年来，自然灾害贫乏，自然资源短缺，无不表示着大自然对人类的"报复"。

21世纪初，党中央领导多次强调生态环境的重要性，表示人与自然应当和谐共生，我们应当寻求发展方式与思维方式上的转变，把尊重自然、顺应自然、保护自然作为必须遵守的重要原则。

2007年，中国共产党第十七次全国代表大会明确指出，要建设生态文明，基本形成节约能源资源和保护生态环境的产业结构、增长方式、消费模式。中国共产党第十八次全国代表大会以来，以习近平同志为核心的党中央更是在历史的制高点，在国家发展的新方位上指出了生态文明建设的重要意义。谋划开展了更加长远的工作，开始了新一轮生态文明建设的征程。2018年5月18日，习近平总书记在全国生态环境保护大会上再次强调，要"加快构建生态文明体系"。在中国共产党第十九次全国代表大会上，习近平总书记又针对生态文明发表了重要讲话，会议深刻分析了我国生态文明建设中存在的问题与不足，并针对之后的建设提出了建设性的意见。

笔者认为，搞好生态文明建设，除了政府、机关、其他组织共同提起相关的重视程度之外，最重要的就是企业的工程项目。企业的任何施工必须要在不破坏环境的前提下进行，同时，也要加大污染整治工程的开展。而在这一点上，山东迈源集团显然走在了前列，近些年，山东迈源集团主要将发展的重心放在绿化工程、排污工程、设施提升等方面，深刻响应党和国家建设生态文明强国的号召，取得了优异的成绩。

（二）山东迈源集团为生态文明建设"添砖加瓦"

山东迈源集团管理层深知生态文明建设已经成为时代的主题，地球是我们赖以生存的家园，只有保护好自然生态，才有可能在将来开创更加美好的未来。于是，企业管理者以生态工程作为集团发展的主攻方向，近年来，山东迈源集团在山东省多市区完成了多个生态环境相关的工程项目，为社会主义生态文明建设做出了突出贡献。例如，金乡县金山公园（二期），工程地点位于金乡县崇文大道以北，青年路以东，山阳路以西，惠民路以南，对范围内的供水管道、水表、加压设备工程、绿化工程、部分土石方及膜结构工程、亭子、数字监控施工。又如，金乡县百兴街景观绿化工程，工程地点位于金乡县百兴街，西起金济河滨河东路，东至山阳路，进行范围内的河道开挖及砌筑、园路工程铺装、景观绿化、照明及给排水等工程。总之，山东迈源集团在山东省生态工程项目上发挥了举足轻重的作用，在助力生态文明建设的进程中，集团制定了明确的方案。

1. 山东迈源集团明确企业发展目标

总的来看，社会发展的主体方向包含经济建设、政治建设、文化建设、生态建设等方面。在改革开放初期，我们"以经济建设为中心"，随着经济不断发展，社会的发展方向发生了明显的转变，在迈源集团的管理层看来，未来社会的发展方向与21世纪之初已经有明显不同，现在的发展更加注重生态文明建设。现在国家愈发重视生态环境的重要意义，为了响应党和国家的号召，山东迈源集团管理层决心以生态工程为主要方向，为建设生态文明国家"添砖加瓦"。要求企业内的所有员工树立生态意识，要深刻领会可持续发展的重要内涵，坚持学习党中央关于生态文明建设的主要思想；要认清人与自然辩证统一的关系，即使人类的文明已经发展到了较高的水平，但是离开自然人类将无法继续生存和发展，只有依托自然、爱护自然，在不破坏生态环境的前提下，才能够实现更加长远的发展；要树立责任意识、保护意识、节约意识、监督意识，把助力生态文明当作分内之事，把节约资源、绿色低碳作为自发践行的生活方式，更要主动监督污染环境的现象，避免因企业内个人原因，造成破坏环境的情况。

2. 山东迈源集团瞄准生态环境工程积蓄蓬勃力量

近年来,迈源集团的绝大多数工程项目均与生态、环保相关。例如,枣阳市新市镇污水管道二期工程;东平街道乡村振兴片区6村农村生活污水治理工程(污水管网)项目;金乡县金沙湖湿地景区项目;五湖大道景观绿化工程;临沂市150兆瓦级户用光伏电站建设工程总承包(EPC+F)等(集团项目在上文表格中有所体现,此处不做赘述)。可见,集团已认清生态建设的紧迫性与必要性,与社会主义中国发展的现实接轨,助力我国生态文明建设伟大目标的实现。

3. 山东迈源集团助力弘扬和传播生态文明思想

由于我国生态保护与生态建设起步较晚,学校普遍缺乏生态教育,即使有些学校实行了相关教育,但是由于教育方式单一,教育范围缺乏普及性,并未取得良好的效果。迈源集团具有强烈的社会责任感,以弘扬和传播生态文明思想为己任,深刻响应党和国家的号召,为了中华民族的伟大复兴,加强相关的宣传教育,以自身的社会影响力,带动更多的人,更多的社会组织意识到生态文明的重要性。例如,集团加强生态相关知识的宣传,包括对自然生态"尊重的教育"和生态保护"责任的教育"等;集团努力用大众喜闻乐见的话语或形式,普及生态文明知识,增强公众生态意识,促进生态意识教育的广泛传播,着力营造生态文明的浓厚氛围等。

总之,山东迈源集团按照党中央的重要精神与指示,将集团优势与社会生态发展的目标相结合,走出了一条独特的企业发展之路。在这条道路上,迈源集团既实现了企业经济效益的提升,又实现了一定的社会效益。

七、人力资源管理

(一)人员招聘

招聘是企业增加人才储备、增强核心竞争力的一种主要方式。它对企业的人力资源管理有着重大的意义——让最适合的人在最恰当的时间位于最合适的位置,为组织做出最大的贡献。在竞争激烈的社会环境中,招聘能否给企业带来竞争优势决定着企业的生存和发展。

成功的招聘可以给企业提供所需要的人才以实现企业的战略目标，随着人才竞争的日益激烈，成功的招聘工作是使企业处于不败之地的前提条件，企业只有获得合适的人才，才能处于不败之地。迈源集团科学制订了人才招聘与人才选拔规划，通过科学招聘确保企业生存发展过程中对人力资源的需求，保证公司能及时充分地获得所需要的人才。

迈源集团制订的招聘计划包括以下内容。

1. 确定企业需要录用的员工人数

迈源集团的人力资源部预先确定员工需求数量来制订招聘计划，在制订计划时考虑企业人力资源构成的合理性，也尽量保证每年的招聘人数大致均衡。

2. 确定人才录用标准

人力资源部详细地向职能部门了解岗位具体情况后再制定相应的录用标准。人才录用标准包括相关工作的背景以及技能、工作经验、个人能力和素质、个人身体素质等。并且列出哪些项目是应聘人员必须具有的。

3. 确定录用渠道

人力资源部根据上报的人才需求表来确定招聘渠道，对不同的人才应该使用不同的招聘渠道。一般情况下，人数不多时可以通过中介招聘，人数较多时可以通过网上招聘的形式来解决，这样费用比较低。高级管理人或高级技术人才可以通过猎头来招聘。

第四，确定招聘成本。每个人的招聘成本＝招聘总成本÷录用人数。在计算迈源集团的人员招聘总成本时，应该包括人事部门的费用（工资福利等）、招聘过程中形成的业务费用（电话费、信息费等）、广告费用、管理费用、租用场地时的场地费用等。

第五，确定招聘活动符合相关法律。企业相关部门和人力资源部门，在招聘的过程中始终了解国家的相关法律，各种招聘与选拔活动都符合国家的相关法律，保障招聘与选拔活动的有序和有效进行。

（二）绩效考核

绩效考核又简称考绩，是绩效管理的重要组成部分，是人力资源管理的一项重要活动，是指按照一定的标准，采用科学的方法，对企业员工的工作业绩、品行、能力、态度等方面进行综合评定，来体现一个部门、个人业绩目标的完成情况，以确定其工作绩效和未来发展潜力的管理方法。绩效考核具有以下意义。

1. 绩效考核是人员聘用的依据

科学的评价体系的实施，需要对员工进行全方位的定量和定性的考核，主要针对员工的工作、学习、成长、效率、培训、发展等方面。员工的聘用与舍取决于岗位工作说明书的标准要求，这个作用不可忽视，企业管理人员要特别注意。

2. 绩效考核是人员培训的依据

通过绩效考核，可以准确地把握工作的薄弱环节，并可以具体掌握员工本人的培训需要，从而制订切实可行和行之有效的培训计划。企业员工需要进行定期培训，这样才能不断地提升他们的职业能力，从而提高企业的整体综合素质。

3. 绩效考核是确定劳动报酬的依据

根据岗位工作说明书的要求，对应制订的薪酬制度要求按岗位取得薪酬，岗位目标的实现是依靠绩效考核来实现的。因此根据绩效确定薪酬，或者依据薪酬衡量绩效，使薪酬设计不断完善、更加符合企业运营的需要。

4. 绩效考核是人员激励的手段

通过绩效考核，把员工聘用、职务升降、培训发展、劳动薪酬相结合，使企业激励机制得到充分运用，有利于企业的健康发展；同时对员工本人，也便于建立不断自我激励的心理模式。绩效考核可以激发员工工作的积极性，使员工工作起来更主动，这样才更有利于企业的发展。

5. 把绩效考核与未来发展相联系

无论是对企业还是员工个人，绩效考核都可以对现实工作做出适时和全面的评价，便于查找工作中的薄弱环节，便于发现与现实要求的差距，便于把握未来发展的方向和趋势。绩效考核是绩效管理的一个不可或缺的组成部分，因此可以说，公司一切整体的管理运营都是以绩效为导向的，都是围绕绩效而展开的。绩效管理是企业管理工作中的重要组成部分,它本身是一个十分完整的系统,而不仅仅是人力资源管理的一个节点,人力资源部门的独家专利。它说到底是一种企业管理手段,涵盖了计划、组织、领导、协调、控制等内容。

山东迈源集团有着完善的各层级绩效考核指标体系。在迈源集团绩效考核中,绩效指标和标准基本上是由绩效考核领导小组综合各部门的工作实际由人力资源部制定的。这个标准的制定过程是比较复杂的,员工工作岗位的绩效指标和标准,一般都是由各部室(车间)为主导制定的,人力资源管理部门整理审核后执行。绩效标准说明了各岗位工作目标所必须要达到的程度,并用科学的计算方法得出各项指标的权重,搭配出合理的绩效考核标准。

权重根据各岗位的特性分别设置了月度绩效考核表(表8-3),绩效等级与系数表(表8-4)。

表8-3 月度绩效考核表

考核工作类别	权重	结果设定	关键措施	所需资源	评分等级	数据来源	完成度	自评	终评
工作计划									
计划完成度									
工作饱和度									
……									
执行人:		检查人:		审批:			加权总分:		

表8-4 绩效等级与系数表

绩效等级	绩效考评分	绩效系数
特优	90～100	1.1
优	80～89	1
良	70～79	0.8
合格	60～69	0.6
不合格	60以下	0.5

山东迈源集团的领导者有很强的企业家精神,将承诺型绩效考核和合作型绩效考核的优点都应用在了企业人力资源管理中,将员工和迈源集团

之间的互动看作一种社会交换,并通过增加员工对公司的承诺促进其工作积极性。迈源集团与员工是一种合作关系,员工为企业创造价值,而企业通过绩效评价支持员工进一步发展;迈源集团的多种绩效考核方式,带来了积极的员工考核反应,员工能够感受到公平和自我实现的价值;迈源集团注重在员工身上的投资,领导者深知一个企业在员工身上的投资越大,员工带给企业的回报与收益也就越大;迈源集团坚持"以人为本",着眼于未来的发展,重视员工的培养和发展,将其视为长远人才战略。

第四节 山东迈源集团为企业发展提供的宝贵思路

一、政企联动:始终以国家大政方针的需求为导向

山东迈源集团管理层高瞻远瞩,时刻把握时代脉搏,认清社会形势,响应党中央的号召。企业深刻意识到中国特色社会主义生态文明建设的重要性,以国家大政方针的需求为导向,贯彻落实生态文明建设的要求,在集团的发展历程中,不断进行产业升级,做好排污排水、绿化建设、景区规划等项目,实现了一个又一个阶段性的突破。这对我国的其他企业具有重要的借鉴意义。

第一,企业要了解当下的社会发展形势,政府的重点发展目标与需求,尽可能让企业的发展目标与政府的发展目标相一致,一方面可以助力政府目标的开展与实施;另一方面也有助于企业个体目标的实现。例如,近年来我国格外强调生态建设,强调保护好生态环境,在尊重自然、保护自然的前提下进行建设与开发。迈源集团所进行的多项工程均以绿化、排污为目标,这与国家生态文明建设的大政方针相一致,自然取得了快速发展。所以,其他企业应当学习这一点,企业的发展方向要符合政策的要求,并

力图实现政企联动,在企业发展的同时助力政策的实施。

第二,企业的大体发展方向除了要符合政策导向之外,各企业在与同行业其他企业的竞争活动中,也应当遵循相应的规则。市场竞争规则是国家政府所制定的,关于民营企业在市场中公平竞争的要求,是国家依法确立的维护各市场主体之间的平等交换、公平竞争的规则。在市场中,任何企业都要禁止不正当竞争行为,禁止限制竞争行为,禁止垄断行为。要严格按照政府的要求进行竞争,自觉维护市场秩序的稳定与和谐,助力竞争市场中时刻保持公平交易、机会均等良好风气。

政府具有各种经济统计数据和信息资料,所以政府更清楚未来的发展趋势和发展方向,制定的国家或地方发展战略就是非常好的指导方针。山东迈源集团紧跟政府的步伐,就是顺应了趋势的时代大潮,既按政府的要求去努力,帮助政府解决了一些问题,企业自身又得到了政府的指导,能够始终适应行业趋势变化的前沿。

二、诚信为本:始终把诚信作为企业发展的首要原则

山东迈源集团的成果并非偶然,赵国建经常学习中国传统文化,深知"诚"之重要意义,在任何社会,诚信都应当是每一个人的座右铭,对企业而言更是如此。他认为,做人应当以诚信为本,做企业更应当把诚信放在至高的位置,只有时刻讲究诚信,才能够建立更加广泛的合作关系,才能够取得更加广阔的发展空间。所以,山东迈源集团为企业发展提供的第一条思路便是诚信为本,任何企业都要始终把诚信放在第一位。

诚信是企业发展的根本。企业只有讲诚信,才能取信于民,服务于民,赢得消费者的信赖。在企业产业发展市场化的今天,各企业应以诚信服务为本,增强企业诚信服务意识,围绕消费者不同层次的爱好和需求,严格把握好产品的质量、价格、监督以及企业从业人员的服务等"四关",切实规范企业服务行为,提高产品消费者合法权益的保护地位,加快促进企业发展的产业化、规范化、科学化和市场化进程。

要做大做强企业产业,必须以诚信服务为本,以市场为导向,以科技为依托,严格把握好产品的质量、价格、监督以及企业从业人员的服务,全面提升企业的服务质量和水平,真正以诚信服务赢得广大消费者的信赖,

是全力打造企业品牌新形象，促进企业健康快速发展的前提和重要保障。

1.要保证产品质量，规范服务范围

质量第一，信誉至上。质量是企业发展的生命线。没有质量，就没有企业发展的保证。生产、销售服务部门应切实抓好企业基地建设、销售渠道、生产设施、销售服务等方面的质量，严格规范服务范围，确保产品质量。

2.要增强诚信服务意识，强化企业服务行为

要全力打造企业品牌形象，促进企业健康快速地发展，必须以诚信服务为本，要用诚信服务来吸引消费者、感动消费者、留住消费者。

企业应以诚信服务为本，要不断提高企业诚信服务的质量和水平，切实有效地维护好广大消费者的合法权益，真正以诚信服务赢得广大消费者的信赖，大力弘扬企业优秀传统文化，真正树立起新时期企业品牌新形象，促进企业健康快速地发展。

诚信经营是一件很难的事情，如何提高企业的诚信水平，比较好的方法就是提高大家的收入水平。如果一个人收入水平高、家庭财富大，那么较大的短期高回报的诱惑不足以使他丧失诚信，同样，如果企业精心经营、刻苦搞研发，长期能获得高的投资回报率，那么日常经营中，面对短期高回报，就不会丧失诚信。

所以山东迈源集团平时给员工高工资高收入，大幅提高员工的收入水平，这样员工就具备了讲诚信的财富基础。同时企业通过团队合作，长期内取得了较高的项目投资回报率，这样企业就具备了长期诚信的物质基础，再加上领导平时用心搞诚信建设，把诚信经营作为企业文化来培养，诚信文化就逐步建立了。

三、文化强企：始终将企业文化建设当作精神支柱

文化是企业持续发展和做强做大的基础支撑，是企业在市场竞争中立于不败之地的重要砝码。山东迈源集团积极推进以"勤劳朴实、止于至善、永续经营、奉献社会"等经营理念为核心的企业文化，形成独具特色的"一切都追求合理化"的核心价值观与务实的行事风格。针对企业经营

中的各环节都能追根究底，点点滴滴追求一切事务的合理化，并且以"止于至善"作为最终努力目标。构成推动企业不断提升经营绩效及竞争力的原动力，达到"永续经营"的目的，同时基于"取之于社会，用之于社会"的宗旨，持续"奉献社会"。

山东迈源集团把文化融入企业，塑造企业形象，光大企业精神，使企业得到较快发展。如果说以前企业管理的重心是从对人、财、物的管理转向对企业的战略管理的话，那么，面对知识经济化和经济全球化的时代背景，企业管理的重心应该是对企业文化的管理。研究发现，能够存在多年的大型企业，并非得力于组织形式和行政技巧，而在于信念的力量，以及信念对企业员工的吸引力。

因此，任何公司要想生存、成功，必须拥有一套完整的信念，作为一切政策和行动的最高准则。信念的重要性在某种程度上远远超过技术、资源、结构、创新以及时效。随着改革的不断深化和社会主义市场经济体制的建立，许多企业人士越来越清楚地认识到，改革传统的企业管理体制，就其实质来说，也是一场企业文化的深刻变革。即要变革依附于传统组织体制上的陈旧的企业文化，重塑适应于发展社会主义市场经济要求的崭新的企业文化。

企业文化的建设是一个长期的过程，企业文化只有渗入每个员工的内心，每个企业员工都长期受到企业文化的熏陶，企业作为一个整体才能长期享受企业文化带来的福利。

四、竞合互动：始终要同等重视企业的竞争与合作

在一个开放的经济社会中，当一个企业或一种产品的当前市场变得相对狭小，或者由于各种原因变得无利可图时，就要对外扩张，必将展开与大公司的新一轮角逐。山东迈源集团选择与这些大公司进行合作实现双赢。企业之间不是对抗，而是建立对话的关系；不是竞争的关系，而是竞合的关系。这为其他企业的发展提供了有效的借鉴和诸多思路。

企业在发展过程中，难免会遇到不同的情况，应该学会审时度势，既要有竞争的观念，同时还要具备合作的态度。

山东迈源集团竞合战略实施措施主要有以下几条。

（一）整合公司内部资源和能力，增强公司竞争力

1. 优化公司结构，提升公司协调管理水平，补强公司在结构和管理方面阻碍竞合开展的短板

具体措施为，组建全新的采购部，采购部和销售部集中在一起办公。这样便于采购部将信息及时传递给销售部，也便于销售部将采购订单或询价单的信息及时传递给采购部，同时会将信息传递过程中的缺失率降到最低，有效提高了采购效率。建立供货商信息库，该信息库内容包括某个企业的名称、地址、信誉记录、该企业具有竞争优势的产品、及时更新的产品价格和库存信息等，做到采购信息像企业自身的库存信息一样时时更新。在搜集其他企业信息的过程中也将公司自身产品方面的信息及时传递给其他企业，无形中扩展了销售的潜在渠道。

通过招募网络销售、采购及企业管理类的专业人才，充实公司人力资源力量，提升公司人力资源质量，提高公司科学管理和协调内部各个部门的能力，实现公司管理水平与实际发展相匹配。

2. 细化生产过程控制，提高生产效率和智能化生产设备占比

具体措施为，细化生产过程管控，做到每台机器生产同样规格产品的工作时间最大化，这样可以大大缩短机器设备因更换模具所致的闲置时间，提高了生产设备使用效率，同时间接降低了生产设备故障的概率。

生产时间施行白班和夜班两班制，利用好全天中错峰用电政策带来的红利，用电低峰时段开足马力生产，用电高峰时段有选择性地生产，降低了生产用电成本和产品生产成本，提高了产品利润率和市场竞争力。建立生产、库存、销售三个部门之间信息共享系统，每个部门对系统内的信息做到每天更新。

3. 注重与研发机构合作，增加研发投入，提高企业研发能力

具体措施为，加强与职业技术院校及高校的合作，通过研发不断推出新产品，保持长久市场竞争优势。制订山东迈源集团与大中专院校之间的合作计划，积极对接这些院校研发的具体技术项目，将新技术转化为现实生产力，优先招聘在校企合作项目中参与的毕业生，这样既能保障企业所

需的技术人才，还能提高广大职业技术学校的毕业生就业率，进而实现校企双赢。同时可以将学校老师聘为公司的技术指导，定期对员工进行培训。

4. 开展企业文化建设，增强企业用人留人方面的竞争优势

具体措施为，招聘相关企业管理人才，加强企业文化管理和建设，定期对员工进行企业文化方面的培训，组织各种集体活动增进企业员工之间的感情，如定期开展团队训练、组织各种健康有益的文化娱乐活动、开展各种技能比赛等，通过企业文化建设，增强企业员工的获得感和幸福感，使新员工认同企业文化，愿意留下来，而且他们在生产上的积极性和创造性也会更高，同时避免了人才流失、人员大量流动给企业带来的不利影响。

5. 加速销售数字化网络化进程，打造差异化产品、品牌、服务和营销渠道，实现企业营销模式转型升级

产业集群背景下，企业产品差异化涉及两个层面，一个层面是从群内各个企业自身角度进行对比得出的产品差异化；另一个层面是从整个集群角度与群外企业产品相比的差异化。从公司产品差异化角度来讲，公司加强同大中专院校的合作，加大投入改进产品性能、研发新产品，从而在产品设计、研发和生产工艺三个层面实现差异化，避免陷入同质企业间的恶性价格竞争陷阱。从整个集群与群外企业产品差异化角度而言，这种产品的差异化主要源于集群对外建立起的良好的品牌形象和行业口碑。

（二）利用外部集群优势，甄选竞合对象，实现共赢

1. 与群内企业结成原料采购联盟，提升公司原材料议价能力

具体措施为，选择与集群内的规模较大的紧固件生产企业建立原材料采购战略联盟，并不断扩大联盟中成员企业的数量，壮大联盟力量，联盟成员在原材料采购上共同进退，保持一致性，以此增强原材料购买方面的议价能力。联盟创始企业施行轮值制度，轮值单位定期索要成员企业的原材料采购需求，并将这些需求进行分类汇总后，逐一从原材料供应商处听取报价，选择从报价合适的供应商处一次性大批量的购买，可以节省原材料采购成本及其运输成本，也提高了对原材料供应商的议价能力。

2.与群内同类产品生产企业联合研发,共担研发风险和成本

具体措施为,选择与同类产品生产企业中研发能力较强的公司在新产品研发领域进行合作,这样做一方面可以节省双方合作企业的研发成本,降低双方企业的研发风险,另一方面也可以合作进行新产品的市场开发,共同获得差异化利润,同时在合作中进一步加深相互了解,起到缓和现有产品竞争激烈程度的作用。

五、人才战略:始终对人才的发现与培养高度重视

山东迈源集团注重弗雷德里克·赫茨伯格曾提出的激励因素相关理论,认清员工积极性对提升工作效率的重要性,在企业管理措施上提出以下几点具有创新性的要求。

(一)任人唯贤,重视培训

公司秉承以人为本的人才理念,提倡"不拘一格用人才",不唯资历、学历,重在能力和业绩。山东迈源集团用人方面重视适才适岗。公司经常强调要给员工提供一个"没有天花板"的舞台,有多大能力都可以发挥出来,企业不仅不会加以限制,还会尽力创造适合员工施展身手的条件,以实际行动来达到人尽其才的目的。山东迈源集团在人的录用上,提出了"大才要找,小才要考"的原则,建立了任人唯贤的职工录用制度。"大才要找",主要指经营管理专门人才、专家、学者,其德、才、学识、经验、能力等各方面都能担负一方面专门职责。这种人才,公司采用登报、走访、推荐等方式,以聘书聘礼请进公司。"小才要考",是指加入民生公司的基层员工,需严格考试、择优录用。赵国建培养人才的一个方法是"在赛马中识别好马""谁跑得快支持谁"。山东迈源集团从成立之初就一直大量使用年轻人,几乎每年都会有数十名年轻人得到提拔。最初,多数年轻人处于副职的岗位,由集团资深老人担任正职,充当师傅的角色,在这样的人事结构中贯彻"在赛马中识别好马"和"谁跑得快支持谁"的人才培养策略。

（二）注重培养人才的协调能力

赵国建培养人才的另一个方法是训练他们搭班子、协调作战的能力。他曾经不止一次强调："一个团结、坚强的领导班子是山东迈源集团能够取得今天这样业绩的重要原因之一。"他认为，一个优秀的人才既要能坚持原则，又要善于妥协。坚持原则才能有正气，善于妥协才能团结人，如果做不到这两条，事业就做不大。准确地说，善于妥协就是容纳别人委屈自己，一个要做一番事业的人必须有这样一种境界，企业员工之间不可能什么事情意见都一致，在意见不一致时，赵国建的经验是学会妥协，绝不能出现为了强行做成一件事，而使其他事不好做甚至做不成的情况。赵国建成立了山东迈源集团总裁办公室。他把一些具有良好可塑性的人才集中到总裁办，这些人中有一线业务部门的总经理，有职能管理部门的总经理。凡是总裁室需要决策的项目都会事先拿到总裁办讨论，赵国建从不缺席。赵国建把这样的议事方式的目的阐述得十分清楚，他认为总裁办这些成员将来极有可能要管理整个公司，现在提前把大家聚合在一起碰事议事，彼此脾气禀性和价值观逐步融合，逐渐形成一个团结坚强的班子才有可能在不久的将来妥善管理整个公司。

（三）倾力造就领军人物

何为领军人物？赵国建认为，领军人物就是指这样一种人，从大到整个行业，小到一个具体任务，只要你把必须的条件给他，他就能把事情办成；不论是搞一个大型项目的开发，还是掌管三军，他都能做到。赵国建通过各种各样的方式，循序渐进地把一个个年轻人推到部门经理的位置上，用人是赵国建最谨慎也是最大胆的决策，他习惯以处理问题的方式和水平来判断人才的可塑性。

"火车跑得快，全靠车头带"。领军人物就相当于企业的"火车头"，其重要性不言而喻。一个团结协作的领导班子是企业成功的关键，而领军人物则是企业的核心堡垒。国内外无数的例子说明这样一个事实：素质差的企业领导会让一个好端端的企业走入死胡同，而优秀的企业领导却可以让一个濒临倒闭的企业起死回生。由此可见，企业的领军人物对一个企业的极端重要性，因为它事关企业的荣辱成败甚至生死存亡。正因为如此，国内外英明的企业家都非常重视接班人的培养。作为企业领头雁的领军人物，需要具备很高的能力素质，赵国建认为，先要具备战略规划和制定的能力。笔者也同意此观点，因为领军人物要指挥企业这艘航船在暗礁密布、风急浪高的商业海洋里前行，作为领军人物的"船长"和"大副"们如果没有长远的战略眼光，船只就会迷失方向甚至触礁搁浅、船毁人亡。因此，领军人物要比普通员工站得高看得远。

赵国建还要求领军人物必须精通业务；有很强的人际协调能力；有强烈的事业心；有高超的管理艺术以及勇于承担责任的品格。他就是以这样的标准来要求和锤炼他的接班人的。

（四）满足职工物质需求和精神需求

山东迈源集团主要从三个方面满足员工的物质需求。

第一，实行独具特色的奖励工资制，使工资分级、拉开差距，并与职务、工龄、能力、表现挂钩，这种方法既公平、公开、合理，又刺激了员工的工作热情、创造精神和进取心。

第二，实施全面的福利制度。山东迈源集团指出，人事管理的另一问题是职工的福利问题，不仅为当前谋福利，还需为未来谋福利；不仅为个人谋福利，还须为家庭谋福利。例如，职工膳食全部由公司负担；公司职工统一穿的"工作服"，主要由公司补贴；单身职工免费居住公司宿舍；到公司预约的医院免费就诊（部分医药费自理），免费体检，打预防针等。

第三，对人的精神需求，山东迈源集团认为满足其自我价值意识实现的需要十分重要，在公司内形成员工受尊重、职业受重视的风气，充分发挥每一个员工的积极性和创造性，使其提高劳动效率，并且，重视奖惩手段的作用。

根据山东迈源集团的人才战略，其他企业也可以从中得到许多可靠的经验并获得启发。各企业在制订发展战略时，都应当注重员工，注重"以人为本"，着力满足员工的物质需求与精神需求。如果企业只是注重员工的部分物质需求，如适当满足其租房、饮食方面的需求，虽然能够在一定程度上提高员工工作的积极性，但是这种状态只是暂时的。如果想从整体和深度上调动员工的工作热情，那么最好的方法就是满足他们的精神需求，让他们的成就感得到满足。

参考文献

[1] 张铁志. 市场营销与企业管理[M]. 天津：天津科学技术出版社，2019.

[2] 李成钢. 时尚企业管理[M]. 北京：中国纺织出版社，2019.

[3] 卞荣花，周洪如. 汽车服务企业管理[M]. 北京：北京理工大学出版社，2019.

[4] 薛丽红，李晓宁. 现代企业管理[M]. 北京：北京理工大学出版社，2019.

[5] 王清铉. 家族企业管理——百年企业的管理密码[M]. 北京：中国政法大学出版社，2018.

[6] 滕兴乐. 中小企业管理创新研究[M]. 长春：吉林人民出版社，2020.

[7] 赵高斌，康峰，陈志文. 经济发展要素与企业管理[M]. 长春：吉林人民出版社，2020.

[8] 谢品，肖霖岳. 现代企业管理[M]. 成都：电子科技大学出版社，2017.

[9] 刘彬，邱胜. 传统文化与企业管理[M]. 北京：金盾出版社，2017.

[10] 官灵芳，李述容. 现代企业管理[M]. 北京：北京理工大学出版社，2017.

[11] 杨爱华，梁朝辉，吴小林. 企业管理概论[M]. 成都：电子科技大学出版社，2019.

[12] 李雪. 现代企业管理创新与实践探究[M]. 长春：吉林人民出版社，2019.

[13] 周艳丽，谢启，丁功慈. 企业管理与人力资源战略研究[M]. 长春：吉林人民出版社，2019.

[14]何荣宣.现代企业管理[M].北京：北京理工大学出版社，2016.

[15]张少平，陈文知.创业企业管理[M].广州：华南理工大学出版社，2016.

[16]李婷.电子信息类企业管理[M].北京：北京邮电大学出版社，2017.

[17]刘泓汐，程娇，马丹.人力资源与企业管理研究[M].长春：吉林人民出版社，2017.

[18]陕西省管理现代化创新成果审定委员会，陕西省企业联合会创新工作部.陕西省企业管理创新成果[M].西安：西北大学出版社，2018.

[19]邹玉清，李赫.汽车企业管理[M].北京：北京理工大学出版社，2015.

[20]王雅姝.大数据背景下的企业管理创新与实践[M].北京：九州出版社，2019.

[21]程云，刘明鑫.企业管理跨专业实训指导[M].成都：电子科技大学出版社，2017.

[22]李士伟，王晓宇，董伟.企业管理与信息化融合创新[M].北京：经济日报出版社，2017.

[23]黄志伟.华为管理法 任正非的企业管理心得[M].苏州：古吴轩出版社，2017.

[24]史健勇，康博宇.中国企业管理经典案例解析[M].上海：上海交通大学出版社，2017.

[25]孟勇，张强，姚明晖.日本企业管理经典案例解析[M].上海：上海交通大学出版社，2017.

[26]胡茉.欧洲企业管理经典案例解析[M].上海：上海交通大学出版社，2017.

[27]浙江省企业联合会，浙江省企业家协会.浙江省企业管理创新优秀成果汇编（上）[M].杭州：浙江工商大学出版社，2018.

[28]浙江省企业联合会，浙江省企业家协会.浙江省企业管理创新优秀成果汇编（下）[M].杭州：浙江工商大学出版社，2018.

[29]马洪生.通信建设企业管理人员安全生产培训教材[M].石家庄：河北人民出版社，2018.

[30] 郑秀梅, 刘英娟. 现代企业管理探索与实践 [M]. 北京: 新华出版社, 2015.

[31] 白建, 何纪斌, 王佳强, 等. 管理的本质 企业管理的6个关键方法论 [M]. 北京: 机械工业出版社, 2016.

[32] 顾倩妮. 美国企业管理经典案例解析 [M]. 上海: 上海交通大学出版社, 2016.

[33] 吴希龙. 企业管理三十六论 [M]. 广州: 世界图书广东出版公司, 2014.

[34] 谭力文, 吴先明, 等. 跨国企业管理 [M]. 武汉: 武汉大学出版社, 2014.

[35] 王毅, 潘绍来. 纺织企业管理基础 [M]. 北京: 中国纺织出版社, 2014.

[36] 许艳芬, 王志伟. 现代企业管理（第二版）[M]. 上海: 上海交通大学出版社, 2014.

[37] 陈燕平. 近20年我国企业管理文化的演变趋势分析 [J]. 黑龙江人力资源和社会保障, 2022（15）:140-142.

[38] 马洪洲. 企业管理以及经济效益的相关性刍议 [J]. 中国商论, 2022（8）:140-142.

[39] 王崇芳. "互联网+"技术对企业管理的推动作用分析 [J]. 商展经济, 2022（8）:144-146.

[40] 于澍江. 大数据背景下企业管理模式创新研究 [J]. 现代商业, 2022（11）:109-111.

[41] 李杰. 扶贫日记 做红色乡村旅游创新的实践者 [J]. 中国建材, 2022（4）:146-147.

[42] 严浚秋. 大型物流企业管理及信息化应用研究 [J]. 中国储运, 2022（4）:125-126.

[43] 邓英英. 大数据对企业管理决策的影响研究 [J]. 现代商业, 2022（9）:127-129.

[44] 熊京. 探析企业管理模式与企业管理现代化 [J]. 商展经济, 2022（6）:141-143.

[45]刘佳欢.企业文化在企业管理中的作用探讨[J]中外企业文化,2022(3):67-68.

[46]陈晓阳.企业信息化建设与企业管理创新策略分析[J].老字号品牌营销,2022(6):126-128.

[47]范振平.企业管理会计与财务会计的融合分析[J].中国集体经济,2022(8):133-134.

[48]王子源.基于网络时代的企业管理创新[J]商展经济,2022(5):113-115.

[49]李豪,周政易.大数据时代下企业管理模式的创新[J].上海商业,2022(3):156-158.

[50]闫达,程琳,唐毅,等.探讨合规管理如何融入企业管理体系[J].中国商论,2022(5):133-135.

[51]杨艳阁.论市场化改革中的企业管理模式创新[J].中国市场,2022(7):76-77.

[52]费昀.探究影响企业管理会计的因素及应对策略[J]中国市场,2022(7):163-164.

[53]刘伯嘉.基于知识经济条件下的企业管理创新对策[J].商展经济,2022(4):110-112.

[54]魏威.浅谈企业文化创新对企业管理创新的影响[J]商展经济,2022(4):125-127.

[55]王国富.企业文化在企业管理中的作用分析[J].现代商业,2022(6):158-160.

[56]于桐.乡村振兴战略背景下鞍山乡村旅游创新发展路径研究[J].中国集体经济,2022(6):136-137.

[57]许雪梅.组织行为学在现代企业管理中的重要作用[J].中外企业文化,2022(2):87-88.

[58]中国企业联合会管理现代化工作委员会.全国企业管理现代化创新成果(上、中、下)[J].企业管理,2022(2):4.

[59]余欢,郝赪.文旅融合视域下乡村旅游创新发展研究[J].旅游纵览,

2022（1）：99-101.

[60] 王茗."互联网+"扶贫背景下乡村旅游电商创业人才孵化模式创新研究[J].中外企业文化,2021（12）:116-117.

[61] 宋健.乡村振兴视角下旅游发展创新探究——以山西省旅游发展为例[J].山西农经,2021（23）:104-106.

[62] 时宇宁.乡村振兴战略背景下乡村旅游创新发展路径研究[J].当代农村财经,2021（12）:46-49.

[63] 孙英.旅游文化视角下乡村旅游创新发展的思考[J].农村.农业.农民（B版）,2021（11）:48-49.

[64] 周少卿.新时期乡村生态旅游发展创新实践探索[J].核农学报,2021,35（12）:2950-2951.

[65] 王皓宇,王帼眉,江雨轩,等.乡村振兴战略下乡村旅游创新发展研究——以安徽黄山太平湖镇为例[J].科技风,2021（28）:129-131.

[66] 何潇蓉,胡万枝,任贺宇,等.高铁联网时代下张家口市乡村旅游创新发展路径研究[J]河北北方学院学报（自然科学版）,2021,37(9):46-49.

[67] 侯雨乐.汶川县乡村旅游创新创业大生态系统研究[J].四川旅游学院学报,2021（5）:43-47.

[68] 谷胜男."文化+旅游"推进我国乡村旅游创新发展的思考[J].南方农机,2021,52（9）:64-65.

[69] 闫晓磊.试析休闲农业与乡村旅游创新发展策略[J]旅游纵览,2021(7):82-84.

[70] 张晴,娄明,刘洋,等.服务设计视角下乡村旅游创新研究[J].包装工程,2022,43（2）:192-199.

[71] 周丽娜,郭艳.乡村振兴战略背景下河北省乡村旅游创新发展研究[J].乡村科技,2021,12（5）:27-28.

[72] 冷素平.乡村旅游创客运用于旅游管理创新创业教育的探析[J].西部旅游,2021（2）:65-66.

[73] 赵洪凤.高职扩招背景下"两地、四位一体"乡村旅游创新创业人才培

养的实施路径研究［J］.营销界，2021（5）:37-38.

［74］李甜.移动互联网环境下的乡村旅游营销策略创新方向探讨［J］.商场现代化，2020（21）:82-84.